Sadhana, un camino de oración

For my brother Charlie, with love

Junior

April 29/92

Santa Cruz,
Bolivia

Colección «PASTORAL»

4

Anthony de Mello, s. j.

Sadhana,
un camino de oración

(18.ª edición)

Editorial SAL TERRAE
Guevara, 20 - Santander

1.ª edición: Julio 1979
2.ª edición: Febrero 1980
3.ª edición: Octubre 1980
4.ª edición: Setiembre 1981
5.ª edición: Agosto 1982
6.ª edición: Febrero 1984
7.ª edición: Febrero 1985
8.ª edición: Agosto 1985
9.ª edición: Mayo 1986
10.ª edición: Febrero 1987
11.ª edición: Diciembre 1987
12.ª edición: Mayo 1988
13.ª edición: Febrero 1989
14.ª edición: Octubre 1989
15.ª edición: Enero 1990
16.ª edición: Julio 1990
17.ª edición: Febrero 1991
18.ª edición: Julio 1991

Título del original:
Sadhana, a way to God
© 1978 by Anthony de Mello, S. J.
Poona (India)

Traducción de *Abelardo Martínez de Lapera*
© 1979 by Editorial Sal Terrae
Guevara, 20
39001 Santander

Con las debidas licencias
Impreso en España. Printed in Spain
ISBN: 84-293-0537-8
Dep. Legal: BI-1394-91

Fotocomposición: Didot, S.A.
Bilbao
Impresión y encuadernación:
Grafo, S.A.
Bilbao

Indice

Introducción

He pasado los quince últimos años de mi vida dando retiros y dirigiendo espiritualmente a las personas para que avanzaran en la práctica de la oración. Cientos de veces he tenido que escuchar las quejas de quienes afirmaban no saber cómo hacer oración. Me repetían que, a pesar de todos sus esfuerzos, parecían no progresar en la oración; que les resultaba tediosa y desalentadora. Oigo a muchos directores espirituales afirmar que se sienten totalmente desarmados cuando tienen que enseñar a orar o, para decirlo con mayor exactitud, cuando se trata de conseguir satisfacción y plenitud en la oración.

Todas estas manifestaciones me producen sorpresa, ya que para mí ha sido siempre relativamente fácil ayudar a la gente a hacer oración. Y no pienso que se deba únicamente a un carisma personal que pueda yo poseer. Se debe, más bien, a algunas teorías muy sencillas que pongo en práctica en mi vida personal de oración y cuando guío a otros en ese campo. Una de las teorías consiste en que la oración es un ejercicio que confiere plenitud y satisfacción y que es perfectamente legítimo buscar ambas cosas en la oración. Otra es que la oración debe hacerse menos con la cabeza que con el corazón. De hecho, cuanto antes se prescinda de la cabeza y del raciocinio, tanto más jugosa y provechosa será la oración. Muchos sacerdotes y religiosos equiparan oración y reciocinio. Aquí radica su fracaso.

En cierta ocasión me contó un amigo jesuita que había recurrido a un guru hindú para iniciarse en el arte de orar. El guru le dijo: Concéntrese en su respiración. Mi amigo lo intentó durante unos cinco minutos. Después le dijo el guru: El aire que usted respira es Dios. Usted está aspirando y espirando a Dios. Convénzase de ello y mantenga este convencimiento.

Mi amigo hizo algunos esfuerzos mentales para encajar teológicamente estas afirmaciones; después siguió las instrucciones durante horas, día tras día, y descubrió, para sorpresa suya, que orar puede ser tan sencillo como respirar. Además descubrió en este ejercicio una profundidad, una satisfacción y un alimento espiritual que jamás había encontrado anteriormente en las innumerables horas que había dedicado a la oración durante muchos años.

Los ejercicios que propongo en este libro sintonizan en gran medida con los planteamientos de aquel guru hindú de quien no he vuelto a tener noticias desde entonces. También yo tengo ciertas teorías sobre la oración, pero las expondré cuando presente los ejercicios que vienen a continuación. Entonces se verá cómo se cumplen en cada uno de ellos.

He propuesto estos ejercicios a grupos de personas en innumerables ocasiones. Me refiero a los Grupos de oración o, exactamente, Grupos de contemplación. En contra de lo que comúnmente se piensa, existe algo a lo que puede llamarse «grupo de contemplación». Sucede además que, en determinadas circunstancias, es más provechosa la contemplación cuando se hace en grupo que cuando se hace individualmente.

He transcrito los ejercicios que aparecen en este libro casi en la misma forma y lenguaje en que fueron propuestos a los grupos. Si usted intenta dirigir un grupo de contemplación y ha decidido servirse de este libro, tendrá suficiente con tomar el texto de cada ejercicio, leerlo lentamente al grupo y hacer que éste siga las instrucciones *que usted lee. Naturalmente, la lectura deberá ser muy lenta; será preciso hacer muchísimas pausas, especialmente en los lugares que se señalen...*

La mera lectura de este texto a otras personas no convertirá a nadie en un buen director de un grupo de contemplación. Será preciso, además, que la persona en cuestión sea experta en contemplación. Necesitará haber experimentado con anterioridad algunas de las cosas que lea a los otros. Deberá, además, ser experta en el arte de la dirección espiritual. Estos ejercicios no sustituyen la experiencia personal ni la pericia espiritual. Pero constituirán una buena ayuda para comenzar y serán de utilidad para usted y para su grupo. He tenido cuidado de no incluir en este libro ejercicios que exigirían la guía de un especialista en oración. Caso de que alguno de los ejercicios pudiese encerrar algún inconveniente, lo señalaré e indicaré el camino a seguir para evitar posibles daños.

Dedico este libro a la Santísima Virgen María que es para mí modelo supremo de contemplación. Más aún: estoy convencido de que ella ha conseguido, para mí y para otras muchas personas a las que he guiado, gracias en la oración que de otra manera no habríamos logrado. Y aquí mi primer consejo para quien quiera progresar en el arte de la contemplación: es preciso buscar el patrocinio de María, pedir su intercesión antes de echar a andar por el camino de la oración. Ella recibió el carisma de hacer que descendiera el Espíritu Santo sobre la Iglesia. Sucedió esto en la Anunciación y en Pentecostés, cuando se encontraba orando con los Apóstoles. Si logras que ella ore contigo y por ti, serás verdaderamente afortunado.

Consciencia

Ejercicio 1:
La riqueza del silencio

«El silencio es la gran revelación», dijo Lao-tse. Estamos acostumbrados a considerar la Escritura como la revelación de Dios. Y así es. Con todo, quisiera que, en este momento, descubrierais la revelación que aporta el silencio. Para recibir la revelación de la Escritura tenéis que aproximaros a ella; para captar la revelación del Silencio, debéis primero lograr silencio. Y ésta no es tarea sencilla. Vamos a intentarlo en este primer ejercicio.

Que cada uno de vosotros busque una postura cómoda.

Cerrad los ojos.

Voy a invitaros a guardar silencio durante diez minutos. Intentaréis, en primer lugar, hacer silencio, el silencio más total, tanto de corazón como de mente. Cuando lo hayáis conseguido, quedaréis abiertos a la revelación que trae consigo el silencio.

Al final de los diez minutos os invitaré a que abráis los ojos y a que compartáis con el resto, si así lo deseáis, lo que habéis hecho y experimentado en este tiempo.

. . . .
. . . .
. . . .

Para compartir con el resto lo que habéis hecho y lo que os ha ocurrido, que cada uno cuente los

intentos que hizo para lograr el silencio y en qué
medida lo ha conseguido. Que describa ese silencio,
si es capaz. Que cuente algo de lo que ha pensado
y sentido durante este ejercicio.

Las experiencias de la gente que se somete a este
ejercicio son infinitamente variadas. Muchos descubren,
para sorpresa suya, que el silencio es algo a lo que no
están acostumbrados en absoluto. Hagan lo que hagan,
son incapaces de detener el constante vagar de su mente
y de acallar el alboroto emocional que sienten dentro de
su corazón. Otros, por el contrario, se sienten cercanos a
las fronteras del silencio. En ese momento sienten pánico
y huyen. El silencio puede ser una experiencia aterradora.
Con todo, no existe motivo para desanimarse. Incluso
esos pensamientos alocados pueden ser una revelación.
¿No es una revelación sobre ti mismo el hecho de que tu
mente divague? Pero no basta con saberlo. Debes detenerte
y *experimentar* ese vagabundeo. El tipo de dispersión en
que tu mente se sumerge, ¿no es acaso revelador?
En este proceso hay algo que puede animarte: el hecho
de que hayas podido ser consciente de tu dispersión mental, tu agitación interior o tu incapacidad de lograr silencio,
demuestra que tienes dentro de ti al menos un pequeño
grado de silencio, el grado de silencio suficiente para caer
en la cuenta de todo esto.

Cierra los ojos de nuevo y percibe tu mente dispersa durante dos minutos...
Siente ahora el silencio que te hace posible concienciar la dispersión de tu mente...

En los ejercicios que vienen a continuación iremos
construyendo este silencio mínimo que tienes dentro de
ti. A medida que crezca te revelará más y más cosas sobre
ti mismo. Esta es su primera revelación: tu propia iden-
tidad. En esta revelación, y a través de ella, alcanzarás
cosas que el dinero no puede comprar, tales como sabiduría, serenidad, gozo, Dios.

Para alcanzar estas realidades a las que no se puede poner precio no basta con reflexionar, hablar, discutir. Es preciso actuar. Poner manos a la obra ahora mismo.

Cierra los ojos. Busca el silencio durante otros cinco minutos.

Cuando termines este ejercicio, trata de ver si los esfuerzos que has realizado en estos últimos minutos han sido más o menos positivos que los anteriores.

Observa si el silencio te ha revelado ahora algo que no habías percibido anteriormente.

No pretendas encontrar algo sensacional en la revelación que el silencio te regala: luces, inspiraciones, perspectivas. Limítate a *observar*. Trata de recoger todo lo que se presenta en tu conciencia. Todo, aunque sea trivial y ordinario, lo que te sea *revelado*. Quizás toda la revelación se reduzca a caer en la cuenta de que tus manos están húmedas, a hacerte cambiar de postura o a tomar conciencia de que estás preocupado por tu salud. No importa. Es realmente valioso que hayas caído en la cuenta de todo esto. Es más importante la calidad de tu toma de conciencia que sus contenidos. A medida que mejore la calidad, tu silencio será más profundo. Y a medida que tu silencio se profundice experimentarás un cambio. Y descubrirás, para satisfacción tuya, que revelación no es conocimiento racional. Revelación es poder; un poder misterioso que transforma.

Ejercicio 2:
Sensaciones del cuerpo

Sitúate en una posición que te resulte cómoda y relajante. Cierra los ojos.

Voy a pedirte que te hagas consciente de determinadas sensaciones corporales que sientes en estos momentos, pero de las que no te das cuenta de manera refleja... Cae en la cuenta del roce de tu ropa en tus hombros... Ahora del contacto que se produce entre tu ropa y tu espalda, del contacto de tu espalda con el respaldo de la silla en la que estás sentado... Percibe la sensación de tus manos cuando se juntan o reposan en tu regazo... Hazte consciente de la presión que tus muslos y nalgas ejercen sobre la silla... Cae en la cuenta de la sensación de tus pies al tocar los zapatos... Ahora hazte consciente reflejamente de la postura en la que estás sentado... De nuevo: tus hombros... tu espalda... tu mano derecha... tu mano izquierda... tus muslos... tus pies... la posición en que estás sentado...

Otra vez: hombros... espalda... mano derecha... mano izquierda... muslo derecho... muslo izquierdo... pie derecho... pie izquierdo... tu posición en la silla.

Continúa girando en torno a ti mismo, pasando de una parte de tu cuerpo a otra. Procura no detenerte en cada parte durante más de dos minutos, hombros, espalda, muslos, etc. Pasa continuamente de uno a otro...

Puedes concentrarte en las partes del cuerpo que yo he mencionado o en aquellas partes que tú desees: cabeza, cuello, brazos, tórax, estómago... Lo verdaderamente importante es que llegues a captar el sentir, la sensación de cada parte; que la sientas durante uno o dos segundos y que pases a otra parte del cuerpo...

Cuando hayan pasado cinco minutos, te invitaré a que abras los ojos despacio y pondremos fin al ejercicio.

Este ejercicio sencillo produce en la mayoría de las personas una sensación inmediata de relajación. En bastantes grupos, cuando propuse por primera vez este ejercicio, algunas personas se relajaron de tal manera que cayeron en un sueño profundo.

Uno de los enemigos más poderosos de la oración es la tensión nerviosa. Este ejercicio trata de ayudarte a dominarla. La fórmula es muy sencilla: te relajas cuando llegas a tus sentidos; cuando tomas conciencia lo más plenamente posible de las sensaciones de tu cuerpo, de los sonidos o ruidos que te rodean, de tu respiración, del sabor de lo que tienes en la boca.

La inmensa mayoría de las personas viven excesivamente *en sus cabezas;* tienen en cuenta los pensamientos y fantasías que emergen en ella pero son muy poco conscientes de la actividad de sus sentidos. Por esta forma de proceder, rara vez viven en el momento presente. Se sitúan casi siempre en el pasado o en el futuro. En el pasado lamentando viejos errores, sintiéndose culpables de antiguos pecados, complaciéndose morosamente en triunfos pasados, recordando injurias que alguna persona les causó. O en el futuro temiendo posibles calamidades y desgracias, anticipando futuras alegrías o soñando con acontecimientos venideros.

Recordar el pasado para aprovechar sus lecciones o para gozarnos de nuevo, anticipar el futuro para planificar de forma realista, es válido a condición de que no nos mantenga alejados del presente durante demasiado tiempo. Para tener éxito en la vida de oración es decisivo desarrollar la capacidad de entrar en contacto con el presente y de permanecer en él. Y el mejor método que yo conozco para permanecer anclado en el presente es abandonar la cabeza y volver a los sentidos.

Siente el calor o el frío de la atmósfera que nos rodea. Percibe la brisa que acaricia tu cuerpo. El calor cuando el sol entra en contacto con tu piel. El tejido y temperatura del objeto que tocas… y nota la diferencia. Observa cómo retornas a la vida a medida que te insertas en el presente. Cuando hayas dominado esta técnica de tener en cuenta los sentidos, te sorprenderás de los cambios que se producen en ti si eres de las personas que sienten frecuentemente tristeza frente al futuro o culpabilidad frente al pasado.

Una palabra sobre el «salir de la cabeza»: la cabeza no es un buen lugar para hacer oración... Pero no es un mal sitio para *comenzarla*. Si tu oración permanece durante demasiado tiempo en la cabeza y no pasa al corazón, se tornará árida y se convertirá en algo tedioso y desalentador. Debes aprender a salir del campo del pensamiento y de la locución y emigrar a los dominios de los sentimientos, de las sensaciones, del amor, de la intuición. Ese es el lugar donde la contemplación nace y donde la oración se convierte en poder transformante y en fuente inagotable de felicidad y de paz.

Es muy posible que algunas personas —muy pocas— sientan, como resultado de este ejercicio, no relajamiento y paz, sino aumento de tensión. Si te sucede esto, conciencia tu tensión nerviosa. Observa cuál de las partes de tu cuerpo se halla en tensión. Percibe con exactitud las características de la misma. Hazte consciente de que tú eres quien produce la tensión en ti mismo y observa cuidadosamente cómo lo haces.

Cuando empleo la palabra observar no me refiero a la reflexión, sino a las sensaciones y a los sentimientos. No puedo repetir en cada línea que en este ejercicio se trata de sentir, no de pensar. Existen personas que, cuando se les dice que sientan sus brazos o sus piernas o sus manos, no las *sienten* realmente. Se limitan a reproducir mentalmente alguno de esos miembros. *Conocen* dónde están situados y se limitan a tomar nota de ese conocimiento. Pero no llegan a *sentir* realmente los miembros. Mientras que otras personas son capaces de sentir, éstas no. A lo sumo, logran una reproducción mental.

El medio más adecuado para superar este defecto (y para asegurar que no tomas una reproducción mental por la experiencia de un sentimiento) es tratar de captar el mayor número de sensaciones en cada uno de estos miembros: hombros, espalda, muslos, manos, pies. Esto te ayudará, además, a sintonizar con personas que no sienten sus miembros. Descubrirás probablemente que sólo una parte mínima de la superficie de tus miembros produce sensaciones al principio. No percibirás sensación alguna en áreas amplias de tu cuerpo. Esto se debe a que tu sensibilidad ha quedado adormecida por vivir demasiado en tu cabeza. La superficie de tu piel está cubierta con trillones de reacciones bioquímicas a las que llamamos sensaciones y, mira por dónde, a ti te cuesta trabajo encontrar unas pocas. Has endurecido tu capacidad para sentir, quizás como consecuencia de algún daño emocional o de un conflicto que has olvidado hace mucho tiempo. Y tu percepción, tu consciencia, tu poder de concentración y de atención están sin cultivar, subdesarrollados.

En otro lugar expondré la relación que existe entre este ejercicio y la oración. Indicaré también cómo, para muchas personas, este ejercicio en sí mismo es una forma de contemplación. Por el momento, bástenos recordar que es una preparación para la oración y contemplación, un medio para relajarnos y conseguir la quietud, condiciones imprescindibles para orar.

Cierra de nuevo los ojos. Entra en contacto con las sensaciones que se producen en diversas partes de tu cuerpo.

Lo ideal sería que no pensases en las diversas partes de tu cuerpo concibiéndolas como «manos», «piernas», o «espalda», sino que pasases de una sensación a otra sin etiquetar ni nombrar los miembros u órganos que sientes.

Si adviertes un impulso a moverte o a cambiar de posición, no consientas. Limítate a tener en cuenta esa incitación y la molestia corporal que origina, quizás, ese impulso.

Realiza este ejercicio durante algunos minutos. Sentirás crecer la calma en tu cuerpo. No te solaces en esa tranquilidad. Continúa en tu ejercicio y deja que la calma se cuide de sí misma.

Si te distraes en un momento determinado, vuelve a la percepción de las sensaciones del cuerpo, pasando de una a otra, hasta que tu cuerpo recobre

de nuevo la calma, tu mente participe de la calma
de tu cuerpo y seas capaz de sentir esa tranquilidad
que reporta paz y sabor anticipado de la contemplación y de Dios. En cualquier caso, vuelvo a repetirlo,
no acampes de manera refleja en la tranquilidad.

¿Por qué no conviene detenerse en la calma que sentirás, probablemente, durante este ejercicio? Pararse en
ella puede ser relajante e incluso placentero, pero si consientes en detenerte en ella corres el peligro de provocar
un estado hipnótico leve o un vacío mental y permanecer
en ese trance que no conduce en modo alguno a la contemplación. Esta situación se asemejaría de alguna manera
a una autohipnosis, que nada tiene que ver con la profundización de la consciencia o de la contemplación.

Por consiguiente, es importante que no busques deliberadamente producir la calma o el silencio dentro de ti
ni te detengas en ellos cuando se produzcan. Deberás buscar que se agudice tu consciencia, no el adormecimiento
de ella, resultado de un trance aunque sea leve. Así, en
vez de la calma y dentro de ella, debes esforzarte en
ejercitar tu percepción y dejar que la calma se cuide de sí
misma.

Habrá momentos en los que la calma o el *vacío* sean
tan intensos que te impidan totalmente realizar cualquier
ejercicio o esfuerzo. En tales momentos no eres tú quien
busca la tranquilidad; la calma toma posesión de ti y te
inunda. Cuando se produzca una situación de este tipo,
será conveniente y saludable que abandones todo esfuerzo
(que, por otra parte, sería imposible), que te rindas a la
calma abrumadora que anida dentro de ti.

Ejercicio 3:
Sensaciones del cuerpo.
Control del pensamiento

Este ejercicio es una profundización del anterior. Quizás te haya parecido un ejercicio muy sencillo hasta el punto de desilusionarte. Tengo que recordarte que la contemplación es algo muy sencillo. Para avanzar en ella no es preciso emplear técnicas cada vez más complicadas, sino perseverar en la simplicidad, algo que a la mayoría de las personas resulta muy duro. Libérate del tedio. Resiste a la tentación de buscar lo novedoso y, por el contrario, busca la profundidad.

Si deseas obtener los beneficios de este ejercicio y del anterior, deberás practicarlos durante un largo período de tiempo. En cierta ocasión formé parte de un retiro budista en el que dedicamos nada menos que catorce horas diarias a concentrarnos en nuestra respiración, en el aire que entraba y salía por nuestras fosas nasales. ¡Ninguna variedad, ninguna excitación, ningún contenido de pensamiento con que mantener entretenida nuestra mente! Recuerdo con viveza el día en que dedicamos doce horas o más a conscienciar todas las sensaciones en la reducida área existente entre las fosas nasales y el labio superior. Muchos de nosotros vivimos en el vacío durante horas sin fin, pero la paciencia, el esfuerzo perseverante de concentración y toma de consciencia hicieron que esta área obstinada comenzara a producir sus sensaciones.

Quizás preguntes: ¿para qué sirve todo esto desde el punto de vista de la oración? Por el momento voy a limitarme a responderte: No hagas preguntas. Haz lo que se te dice y encontrarás la respuesta por ti mismo. La verdad se encuentra no tanto en las palabras y explicaciones cuanto en la oración y en la experimentación. Así, pues, manos a la obra, con fe y perseveancia (¡necesitarás una buena dosis de ambas!) y en un corto espacio de tiempo *experimentarás* la respuesta a tus preguntas.

Experimentarás también repugnancia a responder las preguntas, incluso aquellas de apariencia práctica, que otras personas planteen sobre estos temas. La única respuesta válida para ellos será: *«Abre los ojos y ve por ti mismo»*. Preferiría que caminases conmigo hasta la cima de la montaña y experimentaras la salida del sol en lugar de aventurarte en narraciones brillantes sobre los efectos que produce en ti el sol naciente cuando lo contemplas desde la cima de la montaña. *«Venid y ved»*, respondió Jesús a dos de sus discípulos que le preguntaban. ¡Sabia respuesta!

Toda la brillantez de la salida del sol vista desde la montaña, y muchísimo más, se encierra en un ejercicio tan monótono como es tener en cuenta durante horas y días sin fin las sensaciones de tu cuerpo. ¡Ven y ve por ti mismo! Probablemente no dispondrás de horas y de días completos para dedicarlos a este menester. Te sugiero que comiences cada rato de oración con este ejercicio. Mantente en él hasta que encuentres paz y sosiego y después pasa a tu oración, sea cual fuere el tipo de oración que practicas ordinariamente. Puedes realizar también este ejercicio en otros momentos del día, en ratos libres, cuando esperas el autobús o el tren, cuando te sientes cansado, tenso y deseas relajarte, cuando dispones de algunos minutos y no sabes qué hacer.

Espero que llegará un momento en que experimentes el gran deleite y placer de esta percepción y no desees pasar a otra forma de oración. Quizás debas permanecer entonces en ella y descubrir la profunda y genuina contemplación que se esconde en las entrañas de este humilde ejercicio. Más adelante hablaré de este tipo de contemplación.

Pasemos ahora al tercer ejercicio. Podemos describirlo en unas pocas frases. Pero es necesario repetirlo y practicarlo con frecuencia. En nuestros grupos de contemplación jamás omito comenzar dedicando, al menos, unos

pocos minutos a estos ejercicios cada vez que nos junta-
mos. Además, recomiendo a los componentes del grupo
que los practiquen durante algunos minutos a la mañana,
al mediodía y a la noche.

Cierra los ojos. Repite el ejercicio anterior pasando de una parte de tu cuerpo a otra y teniendo
en cuenta todas las sensaciones que puedas recoger
en cada parte. Dedica a esta tarea de cinco a diez
minutos.

Ahora céntrate en una área pequeña de tu rostro:
tu frente, por ejemplo, una mejilla o el mentón.
Intenta recoger el mayor número de sensaciones dentro de esa área.

Quizás al principio parezca totalmente despro-
vista de sensaciones. Si te sucede esto, pasa por unos
momentos al ejercicio anterior. Después retorna de
nuevo a esta área. Continúa en esta alternativa hasta
que comiences a sentir algo, por tenue que sea.
Cuando comiences a percibir alguna sensación, permanece en ella. Quizás desaparezca. Quizás se trans-
forme en otra sensación. En torno a ella pueden
germinar otras sensaciones.

Ten en cuenta el tipo de sensaciones que emergen; comezón, pinchazos, ardor, tirones, vibraciones, palpitaciones, entumecimiento...

Si tu mente divaga, trata pacientemente de hacerla retornar al ejercicio tan pronto como te des
cuenta de que anda errante.

Quisiera terminar este capítulo sugiriendo un ejercicio
paralelo para utilizarlo fuera de los tiempos de oración.
Cuando camines, hazte consciente durante algunos momentos del movimiento de tus piernas. Puedes realizar
este ejercicio en cualquier parte, incluso en una calle aba-
rrotada de gente. Pero no se trata de saber que tus piernas
están moviéndose, sino de lograr la *sensación* de movimiento. Este ejercicio te producirá un efecto sedante, tran-

quilizador. Puedes, además, hacer un ejercicio de concentración; para ello tendrás que buscar un lugar tranquilo en el que no puedas ser visto por personas que, al contemplar lo que haces, piensen que te ocurre algo serio. He aquí el ejercicio:

> Mientras paseas de un lado a otro de una habitación o de un pasillo ralentiza tus movimientos hasta el punto de caer en la cuenta plenamente de cada uno de los movimientos de tus piernas. Percibe lo siguiente: el levantar de tu pie izquierdo... el movimiento hacia delante de tu pie izquierdo... el pie izquierdo cuando toca el pavimento... el peso de tu cuerpo cuando descansa sobre tu pierna izquierda...
>
> Ahora el levantar de tu pie derecho... su movimiento hacia delante... cuando comienza a posarse sobre el suelo delante de ti... y así sucesivamente.
>
> Como ayuda para concentrarte puedes repetirte mentalmente cuando levantas tu pie: «Sube... sube... sube...». Cuando lo mueves hacia delante: «Muévete... muévete... muévete...» Y cuando lo posas sobre el suelo: «Posando... posando... posando...».

Debo insistir en que este ejercicio no es recomendable cuando tienes prisa. Bastará con que lo realices una sola vez para comprender por qué no te recomendaría que lo hicieses en un lugar en el que pudieras ser visto aunque fuera por el más tolerante de los hombres.

Ejercicio 4:
Control del pensamiento

Muchas personas sufren a causa de las distracciones que les vienen cuando realizan ejercicios de «autoconsciencia». Por esta razón quiero decir unas palabras sobre cómo hay que actuar con estas distracciones.

Quizás te sirva de ayuda para luchar contra las distracciones mantener los ojos entornados. Abrelos lo suficiente para que puedas ver a unos tres pasos por delante de ti. Haz que tus ojos reposen sobre una mancha o un objeto. Trata, sin embargo, de no fijar la mirada sobre esa mancha u objeto; en cualquier caso, no te concentres en él ni lo conviertas en objeto de tu atención explícita.

Algunas personas tienen dificultad para concentrarse cuando mantienen los ojos totalmente cerrados. Es como si sus ojos cerrados formasen una pantalla vacía sobre la que su mente puede proyectar toda clase de pensamientos que les impiden concentrarse. De ahí la sugerencia de mantener los ojos medio abiertos, reposando sobre una mancha u objeto situado a unos tres pasos de distancia. Puedes hacer la prueba pero sigue el consejo tan sólo si te sirve de ayuda. Quizás pertenezcas a ese tipo de personas que se encuentran tan expuestas a las distracciones con los ojos entornados como cerrados.

Otra ayuda para dominar las distracciones es, lo creas o no, mantener la espalda erguida. Debo confesar que hasta la fecha, no he encontrado una explicación científica de este hecho. Pero mi experiencia personal y la de otras personas me ha convencido de su validez. Para ello, la postura del loto, que se enseña a los aprendices de yoga, es ideal: piernas cruzadas de manera que el pie descanse sobre el muslo del lado contrario y la espina dorsal erecta. Me han contado que las personas expertas en esta postura tienen tan escasas dificultades para dominar las distracciones que, de hecho, encuentran problemas para pensar y para hacer que funcione su mente pensante. En consecuencia, se afirma que esta posición es especialmente adecuada para la contemplación y para concentrarse.

Quizás la mayoría de vosotros no tengáis la perseverancia y decisión necesarias para dominar a la perfección esta difícil, aunque gratificante postura. En tal caso, os tendríais que contentar con sentaros en una silla de respaldo vertical o en el borde de un taburete para mantener la espalda erguida. No penséis que esta postura es tan molesta como puede parecer a primera vista. Por el contrario, llegaréis a comprobar que es más molesto mantener la espina dorsal curvada durante largo espacio de tiempo. Probablemente lleguéis a descubrir que mantener la espina dorsal erguida ayuda muchísimo a concentrarse. Un buen argumento de autoridad es el que algunos maestros del zen sean capaces de entrar en una sala de meditación y decir, mirando la espalda del que medita, si está distraído o no. Todo esto parece un tanto exagerado, al menos para mí. Recuerdo, en efecto, tiempos en los que mi espalda no se mantenía erecta y, sin embargo, yo no sufría distracciones.

Algunos defensores de la postura de espalda erguida llegan a aconsejar que se permanezca rostro supino sobre una superficie dura, por ejemplo el pavimento, si no existe otro medio para mantener cómodamente la espalda erguida. Tal vez sea ésta una sugerencia valiosa. En cualquier caso, se puede hacer la prueba. Con todo, tengo alguna reserva contra el hecho de yacer de espaldas: la mayoría de las personas se duermen cuando permanecen en esa postura. Se produce un estado de mente que es, generalmente, más pernicioso para la contemplación que las mismas distracciones.

Es muy probable que, a pesar de todos los intentos para dominar las distracciones mediante la posición de los ojos y de la espalda, te atormente tu mente dispersa. No tienes por qué alarmarte. Una mente errante es algo de lo que tendrá que cuidar seriamente todo contemplativo auténtico. La lucha para controlarla es larga y difícil, pero merece la pena intentar conseguirlo ya que su dominio puede aportar frutos muy grandes. El único camino que lleva a esa meta es la perseverancia, la paciencia y la fe a toda prueba en que alcanzarás el éxito; jamás dejarte descorazonar por cualquier evidencia en sentido contrario.

Puedo ofrecerte aún otra sugerencia. Es el camino más eficaz, entre los que conozco, para luchar contra las distracciones. Lo presentaré en forma de ejercicio.

Cierra los ojos o mantenlos entreabiertos si te es más útil. Ahora observa cada uno de los pensamientos que vienen a tu mente. Existen dos formas de tratar los pensamientos: seguir sus evoluciones, al igual que un perrillo sigue por las calles a todo par de piernas que vea moverse en cualquier dirección que sea, u observarlos como una persona asomada a la ventana contempla a los que pasan por la calle. Yo te recomendaría que empleases esta segunda forma.

Una vez que hayas practicado esto durante algún tiempo, hazte consciente de que estás pensando. Puedes, incluso, decirte interiormente, «*Estoy pensando... estoy pensando...*», o, más breve, «*pensando... pensando...*» para mantenerte presente al proceso de pensamiento que está desarrollándose dentro de ti.

Si observas que no existen pensamientos en tu mente y que ésta se halla vacía, espera unos momentos a que aparezca el primero. Estate alerta y, tan pronto como el pensamiento aparezca, percíbelo o sé consciente de que estás pensando.

Haz este ejercicio durante tres o cuatro minutos.

Cuando realices este ejercicio, llegarás a descubrir con sorpresa que mientras tienes en cuenta el hecho de que estás pensando, toda actividad pensante tiende a pararse.

Existe una manera sencilla de luchar contra una mente dispersa. Haz una breve pausa, pon atención al hecho de que estás pensando y la actividad pensadora cesará temporalmente. Este ejercicio es especialmente útil cuando se está más distraído que de ordinario. Es casi imposible que no tengas distracciones frecuentes cuando te lanzas por primera vez al campo de la contemplación. La mayoría de las distracciones desaparecen por el hecho de recordar a la mente la necesidad de concentrarse cuando te has dado cuenta de la distracción. Este ejercicio es necesario tan sólo cuando tu mente esté más distraída que de ordinario.

Existe un tipo de distracción que está cargado de una fuerte emoción: amor, temor, resentimiento o cualquier otra emoción. Este tipo de distracción con una fuerte dosis emocional no puede ser tratada con el ejercicio que hemos apuntado anteriormente. Tendremos que poner en práctica otros métodos de los que hablaré más adelante. Será preciso, sobre todo, adquirir una pericia considerable en el arte de la concentración y de la contemplación para mantener la paz frente a ese tipo de distracciones.

Ejercicio 5:
Sensaciones de la respiración

Comienza este ejercicio dedicando unos cinco minutos a hacerte consciente de las sensaciones en las diversas partes de tu cuerpo...

Pasa después a percibir tu respiración. El aire cuando entra y sale por tus fosas nasales...

No te concentres en el aire que entra en tus pulmones. Limítate a hacerlo consciente cuando pasa a través de tus fosas nasales...

No controles tu respiración. No intentes profundizarla. No estamos en un ejercicio respiratorio sino de toma de conciencia. Por consiguiente, si tu respiración es poco profunda, no trates de cambiarla. No te interfieras en ella. Limítate a observarla.

Cada vez que te distraigas, vuelve con vigor a tu tarea. De hecho, ya desde el comienzo te será una ayuda muy útil decidirte firmemente a no pasar por alto ni siquiera una sola respiración.

A muchas personas les resulta más difícil este ejercicio que los dos anteriores. En cualquier caso, para agudizar el hecho de hacerse consciente es el más fructífero de los tres. Posee también la virtud de producir calma y relajación.

Cuando trates de tener en cuenta tu respiración, no tenses los músculos. No hay que confundir decisión con tensión nerviosa. Debes pensar que al principio es normal tener bastantes distracciones. Por más distraído que puedas estar, el simple hecho de volver una y otra vez a tener en cuenta tu respiración —el esfuerzo que supone hacer esto— te reportará grandes beneficios que advertirás gradualmente.

Cuando hayas adquirido cierta pericia en este ejercicio pasa a otro, una variante algo más difícil y más eficaz:

Puede, en efecto, suceder que este ejercicio de comunique gran paz y una sensación de profundidad y plenitud placenteras. Quizás sientas entonces la tentación de practicarlo varias horas, cuando estás en silencio, durante un número de días. No lo hagas a no ser que dispongas de un guía competente. Hago esta observación porque la concentración prolongada en una función tan sutil como es la respiración puede fácilmente producir alucinaciones o sacar a superficie materiales del subconsciente que no podrás controlar. El peligro es, ciertamente, remoto y la probabilidad de que alguien realice este ejercicio durante horas es muy escasa. De cualquier modo, me gustaría que tuvieras en cuenta la advertencia que acabo de apuntar.

No me cansaría de ponderar el valor de este ejercicio para personas que desean alcanzar paz, control de sí mismos y profundo gozo interior en medio de las dificultades que la vida les presenta. Un famoso maestro oriental diría a sus discípulos: «*Tu respiración es tu mayor amigo. Recurre a él siempre que tengas problemas y encontrarás consuelo y guía*». Afirmación sorprendente que harás tuya cuando hayas empleado el tiempo suficiente para dominar el difícil arte de «devenir consciente».

Consciencia y contemplación

Quizá sea ahora el momento adecuado para enfrentarnos con la objeción, escuchada con frecuencua en mis grupos de contemplación, de que estos ejercicios de «hacerse conscientes» son válidos para relajarse pero nada tienen que ver con la contemplación entendida en sentido cristiano y con la oración.

Trataré ahora de poner de manifiesto que estos sencillos ejercicios pueden ser considerados como contemplación en sentido cristiano estricto. Si la explicación que voy a proponer no te satisface o te crea problemas, te sugiero que no la tomes en cuenta y que practiques estos ejercicios de conscienciación como simples medios para disponerte a la oración y a la contemplación. O, si lo prefieres, ignora completamente estos ejercicios y pasa a los restantes que se encuentran en este libro y que sean más de tu agrado.

Permíteme que explique lo que entiendo por oración y por contemplación. Empleo la palabra oración para designar la comunicación con Dios cuando ésta se establece principalmente por medio de palabras, imágenes y pensamientos. En otro lugar presentaré muchos ejercicios a los que encasillo en el apartado de oración. Entiendo la contemplación con Dios en la que se emplea el menor número posible de palabras, imágenes y conceptos o se prescinde totalmente de ellos. De esta forma de oración habla san Juan de la Cruz en su «Noche oscura de los sentidos» y el autor de «Cloud of unknowing» en su admirable libro. Algunos de los ejercicios que presento en este libro, relacionados con la oración de Jesús, podrían ser considerados como oración o como contemplación —o como una mezcla de ambas— según el énfasis que se ponga sobre las palabras y los pensamientos al realizar esos ejercicios.

Vayamos al núcleo del problema: Cuando practico el ejercicio de tomar conciencia de las sensaciones de mi cuerpo o de mi respiración, ¿puedo decir que me comunico con Dios? La respuesta es afirmativa. Permítaseme que explique la naturaleza de la *comunicación con Dios* que se establece en los ejercicios de conscienciación.

Muchos místicos afirman que —además de la mente y del corazón, con los que nos comunicamos con Dios— todos nosotros estamos dotados de una mente y de un corazón místicos. Se trata de una facultad que nos permite conocer a Dios directamente, comprenderle e *intuirle* en su ser auténtico, aunque de manera oscura, sin necesidad de usar palabras, imágenes o conceptos.

De ordinario, nuestro contacto con Dios es indirecto, a través de imágenes o conceptos que, necesariamente, distorsionan su realidad. La capacidad de captarlo sin necesidad de imágenes o de ideas es el privilegio de esta facultad a la que, en el curso de esta explicación, llamaré Corazón (término entrañable para el autor de «Cloud of Unknowing»), aunque nada tiene que ver con nuestro corazón físico o con nuestra afectividad.

En la mayoría de nosotros este Corazón se encuentra dormido y subdesarrollado. Si lo despertásemos tendería constantemente hacia Dios y, si le diéramos oportunidad, empujaría la totalidad de nuestro ser hacia él. Pero para ello es necesario que se desarrolle, que se libere de las escorias que lo envuelven y pueda ser atraído por el Imán Eterno.

La escoria es el amplio número de pensamientos, palabras e imágenes que interponemos entre Dios y nosotros cuando entramos en comunicación con él. En muchas ocasiones, las palabras, en lugar de ayudar, impiden la comunicación e intimidad. El silencio —de pensamientos y de palabras— puede, a veces, ser la forma más idónea de comunicación y de unión cuando los corazones están inundados de amor. Nuestra comunicación con Dios no es, sin embargo, un tema sencillo. Yo puedo mirar con amor a los ojos de un amigo íntimo y comunicarme con él sin necesidad de palabras. Pero, ¿dónde fijaré mi mirada cuando desde el silencio, miro intensamente a Dios? ¡Una realidad sin imagen, sin forma! ¡El vacío!

Esto es lo que se pide a algunas personas que desean entrar en comunicación profunda con el Infinito, con Dios: mirar fijamente durante horas al vacío. Algunos místicos recomiendan que miremos este vacío *amorosamente*. En verdad, requiere una buena dosis de fe mirar intensamente, con amor y anhelo, lo que parece nada cuanto entramos por primera vez en contacto con ello.

Normalmente, jamás lograrás ni siquiera aproximarte al vacío, aunque desees intensamente pasar horas sin fin mirándolo fijamente, si no has hecho el silencio en tu mente. Mientras la máquina de tu mente continúe tejiendo millones de pensamientos y de palabras, tu *mente mística* o Corazón permanecerá subdesarrollado. Piensa en la enorme agudeza de oído y de tacto que poseen los ciegos. Han perdido la facultad de ver y esto les fuerza a desarrollar las restantes facultades de percepción. En el mundo místico ocurre algo similar. Si, por decirlo de alguna manera, pudiésemos convertirnos en mentalmente ciegos, si pudiésemos colocar una venda en nuestra mente mientras nos comunicamos con Dios, nos veríamos obligados a desarrollar alguna otra facultad para comunicarnos con él —aquella facultad que, según numerosos místicos, tiende a ir hacia él si le concedemos la oportunidad de desarrollarse: el Corazón.

Cuando nuestro Corazón logra el primer atisbo directo y oscuro de Dios, desea vislumbrar el vacío. Las personas que alcanzan este estadio se lamentan con frecuencia de que no hacen oración, de que malgastan el tiempo, de que están ociosos, de que se encuentran sumergidos en la oscuridad total. Para escapar de esta situación desagradable, recurren, de nuevo para desgracia suya, a su facultad de pensar, quitan la venda de su mente y comienzan a *pensar* y a *hablar* con Dios; hacen justamente lo contrario de lo que deberían hacer.

Si Dios es benévolo con ellos —y lo es con frecuencia— impedirá que empleen su mente en la oración. Cualquier tipo de pensamiento les resultará desagradable; la oración vocal les parecerá insoportable porque las palabras se les antojarán carentes de sentido. Se sentirán totalmente *secos* siempre que intenten comunicarse con Dios por cualquier camino que no sea el del silencio. Al principio, incluso este silencio resultará penoso y seco. Quizás entonces caigan en el peor de todos los males: abandonar de plano la oración porque se sienten forzados a elegir entre la frustración de ser incapaces de utilizar su mente y la sensación hueca de desperdiciar el tiempo y de no hacer nada, en medio de la oscuridad que les envuelve, cuando hacen el silencio en la misma.

Si no caen en esa tentación y perseveran en el ejercicio de la oración y se entregan con fe ciega al vacío, a la oscuridad, a la inactividad, a la nada, descubrirán gradualmente —al principio en breves destellos y más tarde de forma más permanente— que en medio de la oscuridad se esconde un resplandor, que el vacío llena misteriosamente su corazón, que la ociosidad está llena de la actividad de Dios, que en la nada su ser es recreado y configurado de nuevo... y todo esto de una manera que no pueden describir. Después de cada una de estas sesiones de oración o de contemplación —llámesela como se quiera— perciben que algo misterioso ha estado trabajando dentro de ellos, regalándoles frescura, alimento y bienestar. Comprobarán que tienen un hambre voraz de volver a esa oscura contemplación que parece carente de sentido y, sin embargo, les llena de vida hasta el punto de alcanzar un embeleso que difícilmente pueden percibir con su mente ni sentir con sus emociones pero que está inequívocamente presente, es tan real y satisfactoria que no la cambiarían por todos los embelesos que pueden ofrecer los deleites del mundo de los sentidos, de las emociones y de la mente. Es curioso que al comienzo pareciese tan seco, oscuro e insípido.

Si quieres alcanzar este estadio, sumergirte en esta oscuridad mística y comenzar a comunicarte con Dios a través de este Corazón del que hablan los místicos, el primer paso a dar será encontrar un medio para hacer silencio en tu mente. Existen algunas personas afortunadas (es muy importante que sepas esto, de lo contrario caerías en el error de pensar que toda persona que quiera progresar en la contemplación tiene que pasar necesariamente por este proceso de confrontación con la oscuridad) que alcanzan espontáneamente ese estado sin tener necesidad de imponer el silencio a su mente discursiva ni bozal a sus palabras y pensamientos. Se asemejan a aquellas personas que poseen toda la sensibilidad que los ciegos concentran en sus manos y oídos y continúan disfrutando del ejercicio pleno de la visión. Saborean con fruición la oración vocal, aprovechan intensamente su imaginación durante la oración, dan rienda suelta a sus pensamientos cuando tratan con Dios y en medio de toda esta actividad su Corazón intuye directamente lo Divino.

Si perteneces a los que no se cuentan entre estas personas afortunadas, tendrás que hacer algo para desarrollar este Corazón. Directamente no puedes hacer nada. Lo único que está en tu mano es silenciar tu mente discursiva, abstenerte de todo pensamiento y palabras mientras estás en oración y permitir que el Corazón se desarrolle por sí mismo.

Imponer silencio a la mente es tarea extraordinariamente difícil, ¡qué duro resulta lograr que la mente se abstenga de pensar y pensar, de producir constantemente pensamientos en sucesión interminable. Los maestros hindúes de la India tienen un refrán: una espina se saca con otra. Con ello quieren dar a entender que lo sabio es emplear un pensamiento para librarte de los restantes pensamientos que se amontonan en tu mente. Un pensamiento, una imagen, una frase, sentencia o palabra que sea capaz de atraer la atención de tu mente. Pretender conscientemente que la mente permanezca sin pensar, en el vacío, es pretender lo imposible. La mente debe encontrarse siempre ocupada en algo. Si esto es así, dale algo en lo que pueda estar ocupada, pero dale solamente una cosa. Una imagen del Salvador a la que miras amorosamente y a la que te vuelves cada vez que te distraes; una jaculatoria repetida incesantemente para evitar que la mente vague por doquier. Llegará un momento en que la imagen desaparezca del campo de lo consciente, en que tu boca deje de pronunciar palabras, tu mente discursiva guarde silencio perfecto y tu Corazón se sienta del todo libre para mirar fijamente, sin impedimento alguno, a la Oscuridad.

Es claro que no has alcanzado aún el estadio en el que la imagen desaparece y las palabras guardan silencio para que funcione tu Corazón. Pero el que tu mente discursiva haya reducido su actividad drásticamente es ya una ayuda inmensa para que el Corazón se desarrolle y funcione. De esta manera, aun cuando jamás alcances el estado en el que la imaginación y las palabras guardan silencio —tal como tú quisieras— irán creciendo en la contemplación.

Observa que los dos medios sugeridos por mí, la imagen del Salvador y la repetición de una jaculatoria, son *religiosos* por naturaleza. Recuerda, no obstante, que nuestra primera intención en este ejercicio *no* apunta al tipo de actividad en el que la mente se ocupa; nos interesa abrir y desarrollar el Corazón. Si se logra la finalidad, ¿importa realmente que la espina empleada para sacar las restantes sea de naturaleza religiosa o no lo sea? Si pretendes que se haga la luz en medio de tu oscuridad, ¿importa realmente que el cirio que esparce la luz en tu oscuridad sea sagrado o no? ¿Tiene alguna importancia que te concentres en una imagen del Salvador, en un libro, en una hoja o en una mancha del suelo? Un amigo jesuita interesado en todas estas cosas (y que sospecho examina todas las teorías religiosas con una sana mezcla de excepticismo) me aseguraba que, diciendo constantemente «uno-dos-tres-cuatro» rítmicamente, alcanzaba resultados *místicos* idénticos a los que sus compañeros más *religiosos* afirmaban alcanzar mediante la devota y rítmica recitación de alguna jaculatoria. Y le creo. Existe, indudablemente, un valor sacramental en el empleo de la *espina* religiosa, pero, por lo que atañe a nuestra finalidad, tan buena es una espina como otra.

De este modo hemos llegado a la conclusión, aparentemente desconcertante, de que la concentración sobre la respiración o sobre las sensaciones del cuerpo es una contemplación óptima en el más estricto sentido de la palabra. Esta teoría mía fue confirmada por unos jesuitas que hicieron un retiro de treinta días bajo mi dirección y que accedieron a dedicar, además de las cinco horas destinadas a lo que llamamos ejercicios ignacianos, cuatro o cinco horas diarias a este sencillo ejercicio de hacerse conscientes de su respiración y de las sensaciones de su cuerpo. No me sorprendí cuando me dijeron que durante estos ejercicios (una vez que desarrollaron cierta familiaridad con ellos) sus experiencias eran idénticas a las que tenían cuando practicaban lo que en terminología católica se conoce como oración de fe u oración de quietud. La mayoría de ellos llegaron, incluso, a decirme que estos ejercicios llevan a una profundización de las experiencias de oración que ellos habían tenido con anterioridad, dándolas —por hablar de alguna forma— mayor consistencia y agudeza.

A partir del próximo ejercicio de este libro propondré prácticas que son, manifiestamente, más religiosas en cuanto al tono. Quiero salir con ello al encuentro de los que temen estar perdiendo lamentablemente su tiempo de oración dedicándolo a ejercicios de consciencia. Los mencionados ejercicios, manifiestamente más religiosos, ofrecerán los frutos que pueden obtenerse por medio de los primeros. Contendrán reducidas dosis de reflexión que no tienen aquéllos. Con todo, la dosis es tan reducida que resulta casi despreciable. Así que, si te sientes más a gusto, no dudes en recurrir a ellos en vez de a los ejercicios de conscienciación.

En el párrafo anterior he empleado deliberadamente la expresión «tiempo de oración». No quiero pedirte que abandones toda tu *oración* (comunicación con Dios que implica el empleo de palabras, de imágenes y de conceptos) en favor de la *contemplación* pura. Hay tiempo para la meditación y oración y tiempo para la contemplación, al igual que hay tiempo para la acción y tiempo para la contemplación. Con todo, mientras estés ocupado en lo que he llamado *contemplación,* cuida de no caer en la tentación de pensar, por más santo que pueda ser el pensamiento que quiera robar tu atención. Así como en el tiempo de oración rechazarías pensamientos *santos* relacionados con tu trabajo, y que serían óptimos en su momento adecuado pero no en tiempo de oración, de igual manera debes rechazar vigorosamente durante tu tiempo de contemplación todo pensamiento de cualquier tipo que sea. Deberás considerarlo como destructor de esta forma particular de comunicación con Dios. Es el momento de exponerte, en silencio, al sol divino, no de reflexionar sobre las propiedades y virtudes de los rayos del sol; ahora es el momento de clavar la mirada amorosamente en los ojos de tu amante divino y de no romper esta intimidad especial con palabras o reflexiones sobre él. La comunicación por medio de palabras debe quedar relegada a otro momento. Ahora es el tiempo de la comunicación sin palabras.

Hay un punto importante sobre el que, desgraciadamente, no puedo ofrecerte ayuda en este libro. Para ello necesitarás la guía de un maestro experimentado que conozca tus necesidades espirituales. Se trata de lo siguiente: del tiempo que dedicas diariamente a comunicarte con Dios, ¿cuánto deberías dedicar a la oración y cuánto a la contemplación? Sobre este punto puedes decidir con tu director espiritual. Con su ayuda tendrás que decidir también si debes continuar buscando este tipo de *contemplación* del que hablo o no. Quizás perteneces al grupo de personas afortunadas del que he hablado antes; personas que mantienen el pleno ejercicio de sus manos y de sus oídos sin haber tenido necesidad de vendar sus ojos; cuyo Corazón místico mantiene la comunicación más profunda posible con Dios mientras su mente comunica con él a través de palabras y de pensamientos; que no necesitan guardar silencio para establecer con su Amado el tipo de intimidad que muchas otras personas alcanzan únicamente por medio del silencio.

Si eres incapaz de encontrar un director espiritual, pide a Dios que te guíe y comienza dedicando algunos minutos diarios a la *contemplación* ya sea en la forma de ejercicios de «conscienciación» o siguiendo alguno de los ejercicios más sencillos que vienen a continuación. Incluso en tu tiempo de *oración* trata de reducir poco a poco la actividad pensante y ora más con el corazón. Santa Teresa de Avila solía repetir: «Lo importante no es pensar mucho, sino amar mucho». Por consiguiente, ama mucho durante tu tiempo de oración. Y Dios te guiará aunque sea por medio de un período de prueba y de error.

Ejercicio 6:
Dios en mi respiración

En el capítulo anterior anuncié que ofrecería algunos ejercicios de tono más religioso y que contienen, al mismo tiempo, las ventajas de los ejercicios de «consciencia-ción». He aquí el primero:

Cierra los ojos y practica los ejercicios de hacerte consciente de las sensaciones de tu cuerpo durante algunos minutos...

Pasa después a caer en la cuenta de tu respiración tal como lo hemos descrito en el ejercicio precedente y mantente ahí durante algunos minutos...

Piensa ahora que el aire que respiras está cargado del poder y de la presencia de Dios... Concibe el aire como un océano inmenso que te rodea... un océano divinamente coloreado por la presencia y por el ser de Dios... Cuando introduces el aire en tus pulmones estás metiendo a Dios en ellos. Ten en cuenta que cada vez que respiras estás sostenido por el poder y por la presencia de Dios... Permanece ahí el tiempo que puedas...

Toma nota de lo que sientes cuando te das cuenta que introduces a Dios dentro de ti cada vez que aspiras...

Existe una variante de este ejercicio. Arranca de la mentalidad de los hebreos tal como la encontramos reflejada en la Biblia. Para ellos, la respiración de la persona es su vida. Cuando una persona ha muerto, Dios le ha retirado su aliento. Esto ha sido la causa de su muerte. Si una persona vive es porque Dios mantiene su aliento, su «espíritu», en ella. La presencia de este Espíritu de Dios mantiene viva a la persona.

Cuando aspiras, hazte consciente de que te invade el Espíritu de Dios... Llena tus pulmones de la energía divina que trae consigo...

Cuando espiras, piensa que expulsas todas las impurezas que anidan dentro de ti... tus temores... tus sentimientos negativos...

Imagina que ves cómo tu cuerpo entero se torna radiante y lleno de vida por medio de este proceso de respirar al Espíritu de Dios, dador de vida; que espiras todas las impurezas que se esconden dentro de ti...

Mantente en este ejercicio todo el tiempo que puedas permanecer libre de distracciones...

Ejercicio 7:
Comunicación con Dios
por la respiración

En repetidas ocasiones he distinguido entre oración y contemplación. Es posible también expresar esta distinción hablando de dos tipos de oración, la de devoción y la intuitiva.

La oración intuitiva coincidiría aproximadamente con lo que yo llamo contemplación. La oración devota con lo que denomino oración. Ambas formas de oración llevan a la unión con Dios. Cada una de ellas se acomoda mejor a las necesidades de unas personas que de otras. Incluso una misma persona puede comprobar que la misma forma de oración se adapta mejor a sus necesidades en unos momentos que en otros.

La oración de devoción está también relacionada íntimamente con el corazón. En efecto, una oración que se limitase a la mente dejaría de ser oración. Serviría, a lo sumo, de preparación a la oración. Incluso en el plano puramente humano no existe comunicación personal genuina si no está dotada, al menos en grado mínimo, de comunicación cordial, de una dosis, aunque sea pequeña, de emoción. Si la comunicación, la participación de *pensamientos,* carece por completo de emoción, puedes estar seguro de que está totalmente ausente la dimensión personal, íntima. En tal caso no hay una comunicación que lleve a la intimidad.

Voy a presentarte una variante del ejercicio anterior; hará al ejercicio más devoto que intuitivo. Observarás, sin embargo, que el contenido de pensamiento es mínimo; de esta manera, el ejercicio puede pasar fácilmente de lo devoto a lo intuitivo, del corazón al Corazón. De hecho, será una combinación equilibrada de lo devoto y de lo intuitivo.

Hazte consciente de tu respiración durante un momento...

Reflexiona sobre la presencia de Dios en la atmósfera que te rodea... Reflexiona sobre su presencia en el aire que respiras... Sé consciente de su presencia en el aire que aspiras y espiras... Observa lo que sientes cuando tomas en cuenta su presencia en el aire que aspiras y espiras...

Ahora exprésate con Dios. Pero hazlo sin emplear palabras. Con frecuencia, cuando nos expresamos por medio de una mirada o de un gesto, la expresión es más intensa que a través de las palabras. Expresa a Dios diversos sentimientos por medio de la respiración, sin palabras. Expresa, en primer lugar, un gran deseo de él. Sin que medie palabra alguna, mentalmente, dile: «*¡Dios mío, tengo ansias de ti...!*» Para ello, sírvete de tu respiración. Quizás puedas expresarlo respirando profundamente, inhalando más profundamente...

Trata ahora de expresar otra actitud o sentimiento, el de confianza o entrega. Sin emplear palabras, con tu respiración, dile: «*¡Dios mío, me entrego por completo a ti...!*» Quizás desees dar a entender estos sentimientos poniendo énfasis en la exhalación, respirando cada vez como si suspirases profundamente. Cada vez que espiras, siente que te entregas por completo en las manos de Dios...

Ahora escoge otras actitudes ante Dios y exprésalas por medio de tu respiración. Amor... Proximidad e intimidad... Adoración... Agradecimiento... Alabanza...

Si te fatiga este ejercicio, comiénzalo de nuevo y reposa tranquilamente teniendo en cuenta que Dios te envuelve y está presente en el aire que respiras... Cuando notes que te distraes, pasa a la segunda parte de este ejercicio y trata de expresarte a Dios sin emplear palabras.

Ejercicio 8:
Quietud

Este es un ejercicio para lograr la quietud. Dice el Señor: *«Permaneced tranquilos y saber que yo soy Dios»*. El hombre moderno es, por desgracia, presa de una tensión nerviosa que le impide permanecer tranquilo. Si desea aprender a orar, tendrá que esforzarse previamente por estar tranquilo, por acallar sus tensiones. De hecho, la quietud verdadera y el silencio se convierten frecuentemente en oración cuando Dios se manifiesta en el ropaje del silencio.

Repite el ejercicio de hacerte consciente de las sensaciones de tu cuerpo. Sólo por una vez recorre todo tu cuerpo, comenzando por la coronilla hasta las puntas de los dedos de los pies, sin omitir parte alguna de tu cuerpo...

Consciencia todas las sensaciones que se producen en cada una de las partes... Quizás adviertas que alguna de las partes de tu cuerpo carece por completo de sensaciones... Detente en ella durante algunos segundos... Si no emerge sensación alguna, pasa a otra parte...

Cuando adquieras práctica en este ejercicio, agudizarás de tal manera tu percepción, que no existirá parte alguna de tu cuerpo en la que no experimentes muchas sensaciones... Por el momento tendrás que conformarte con permanecer en el vacío y pasar a otras partes en las que percibas más sensaciones... Pasa lentamnete de la cabeza a los pies... y de nuevo de la cabeza a los pies... y así durante unos quince minutos...

A medida que se agudice tu percepción, experimentarás sensaciones que anteriormente no habías advertido... captarás también sensaciones extremamente sutiles, tan sutiles que pueden ser percibidas únicamente por una persona dotada de concentración y paz profundas.

Experimenta tu cuerpo como un todo... Siente la totalidad de tu cuerpo como una masa dotada de diversos tipos de sensaciones... Permanece en este ejercicio durante unos momentos y vuelve después a tener en cuenta cada una de las partes, desde la cabeza hasta los pies... A continuación, vuelve de nuevo a percibir tu cuerpo como un todo...

Advierte ahora la quietud profunda que te ha invadido. Observa la calma perfecta de tu cuerpo... Cuida, sin embargo, de no recrearte en la calma hasta el punto de que no percibas tu cuerpo...

Si adviertes que te acosa la distracción, impónte la tarea de pasar de nuevo desde la cabeza hasta los pies teniendo en cuenta las sensaciones de cada una de las partes de tu cuerpo... Acto seguido presta atención a la quietud que reina en todo tu cuerpo... Si realizas este ejercicio en grupo, presta atención al silencio que reina en la sala...

Es de suma importancia que no muevas parte alguna de tu cuerpo mientras realizas este ejercicio. Al principio te costará trabajo conseguirlo, pero cada vez que te sientas impulsado a moverte, a rascarte, a agitarte, experimenta este impulso... No cedas a la tentación; limítate a percibirlo con la mayor nitidez posible...

Desaparecerá gradualmente y recobrarás de nuevo la calma...

A muchas personas les resulta extremadamente penoso permanecer tranquilos. Les resulta incluso físicamente penoso. Cuando te sientas tenso, dedica todo el tiempo que sea preciso a hacerte consciente de la tensión nerviosa..., dónde la sientes, qué características presenta... y mantente ahí hasta que desaparezca la tensión.

Quizás llegues a sentir dolor físico. Por más cómoda que sea la postura que adoptes para este ejercicio, tu cuerpo protestará, probablemente, contra la inmovilidad desarrollando dolores físicos intensos y fatiga en diversas partes. Cuando suceda esto, resiste a la tentación de mover tus miembros o de cambiar de postura para mitigar la fatiga. Limítate a percibir la fatiga.

Durante un retiro budista se nos pidió que permaneciésemos por una hora entera sin cambiar de postura ni movernos. Me senté con las piernas cruzadas y el dolor en mis rodillas y espalda se hizo tan intenso que resultaba inaguantable. No recuerdo haber padecido un dolor físico tan intenso en ningún otro momento de mi vida. Se suponía que durante esa hora percibiríamos las sensaciones de nuestro cuerpo, pasando de una parte del cuerpo a otra. Mi atención quedó absorbida totalmente por el dolor agudo que sentía en las rodillas. Sudaba. Pensé desfallecer a causa del dolor, hasta que decidí no luchar contra él, no escapar de él, no desear aliviarlo, sino concienciarlo, identificarme con él. Traté de descomponer los ingredientes del dolor y descubrí, para sorpresa mía, que estaba compuesto de muchas sensaciones, no sólo de una: ardores intensos, tirones, una sensación de descargas intensas que aparecía y se iba, para emerger de nuevo... y un punto que se desplazaba de un lugar a otro. Identifiqué este punto como *dolor*. Cuando me decidí a mantener este ejercicio me sorprendí de que podía aguantar bastante bien el dolor; incluso fui capaz de concienciar otras sensaciones que se producían en diversas partes de mi cuerpo. Por primera vez en mi vida experimenté dolor sin sufrir.

Si no haces este ejercicio con las piernas cruzadas es probable que sientas menos dolor que el experimentado por mí. De cualquier manera, al principio sentirás inevitablemente alguna molestia hasta que tu cuerpo se acostumbre a permanecer en calma perfecta. Combate el dolor haciéndote consciente de él. Y cuando, por fin, tu cuerpo consiga la quietud, sentirás una rica recompensa en el arrobamiento que te traerá esa quietud.

La tentación de rascarse es muy frecuente en los principiantes. Esto proviene de que, a medida que se hace más aguda la percepción de las sensaciones del cuerpo, comienzan a percatarse del picazón y de sensaciones punzantes, presentes siempre en el cuerpo pero ocultas a la consciencia a causa del endurecimiento psico-físico al que la mayoría de nosotros sometemos a nuestro cuerpo y debido a la crasitud de nuestra sensibilidad. Mientras atraviesas este estadio de picazón, deberás permanecer en perfecta calma, conscienciar cada una de las sensaciones de picazón y permanecer en esta toma de conciencia hasta que desaparezca, resistiendo a la tentación de combatirla rascándote.

Ejercicio 9:
Oración del cuerpo

Presento aquí otra variante piadosa de los ejercicios de sensaciones corporales:

Ante todo, tranquilízate por medio de la percepción de sensaciones en las diversas partes de tu cuerpo... Agudiza esta toma de conciencia recogiendo incluso las sensaciones más sutiles, no sólo las más crasas y evidentes...

Ahora, muy suavemente, menea tus manos y dedos de manera que lleguen a descansar sobre tu regazo, las palmas hacia arriba, los dedos juntos... El movimiento debe ser muy, muy lento... imitando la apertura de los pétalos de la flor... Y mientras realizas este movimiento, hazte consciente de cada una de sus partes...

Una vez que tus manos reposen en tu regazo, las palmas hacia arriba, percibe las sensaciones de las palmas... A continuación conciencia el gesto: es un gesto de orar a Dios, común a la mayoría de las culturas y religiones. ¿Qué significado tiene este gesto para ti? ¿Qué quieres decir a Dios por medio de él? Exprésalo sin palabras, únicamente identificándote con él...

Esta forma de comunicación no verbal que acabas de hacer se puede practicar en grupo y no requiere cambio alguno importante en la postura. Quizás te conceda saborear, en alguna medida, el tipo de oración que puedes practicar con tu cuerpo.

Presento a continuación algunos ejercicios que puedes realizar en la intimidad de tu habitación, donde puedes expresarte a tus anchas con tu cuerpo sin las dificultades de ser visto por otros.

Colócate de pie, erguido, con las manos colgando, relajadas, a los lados de tu cuerpo. Toma conciencia de que te hallas en la presencia de Dios...

A continuación, trata de encontrar alguna manera de expresarle, por medio de gestos, los sentimientos siguientes: «¡*Dios mío, me ofrezco enteramente a ti!*»... Realiza este gesto muy lentamente (recuerda los pétalos de una flor que se abre), consciente plenamente de tus movimientos y asegurándote de que expresen tus sentimientos...

He aquí una manera de expresar la actitud de entrega: levanta las manos muy lentamnete hasta que las tengas estiradas perfectamente delante de ti, los brazos paralelos al pavimento... Ahora gira lentamente tus manos de forma que las palmas miren hacia el techo, los dedos juntos y estirados... A continuación, eleva lentamente la cabeza hasta que te encuentres mirando al cielo... Si tienes los ojos cerrados, ábrelos con idéntica lentitud... Mira fijamente a Dios...

Mantén esta postura durante un minuto... A continuación, deja caer lentamente las manos hasta que recobren su posición inicial, flexiona la cabeza hacia adelante hasta que mire al horizonte. Cesa por un momento en la oración de ofrecimiento que has realizado sin palabras... Y comienza de nuevo el rito... Realízalo tres o cuatro veces... o tantas cuantas te inspire la devoción...

Una alternativa al gesto que te he sugerido para expresar entrega: levanta tus manos como te he sugerido anteriormente, vuelve las palmas hacia arriba, los dedos juntos y estirados... A continuación junta las palmas de la mano formando un cáliz o copa... Acerca lentamente esa copa hacia tu pecho... Levanta lentamente tu cabeza hacia el cielo como he indicado antes... Mantén esta postura durante un minuto.

Otro modelo, éste para expresar deseo de Dios, saludo a él o a toda la creación: Levanta las manos y los brazos hasta estirarlos totalmente delante de ti, paralelos al pavimento... Ahora ábrelos semejando un abrazo... Mira amorosamente hacia el horizonte...

Mantén esta postura durante un minuto; después vuelve a recobrar la posición inicial; descansa por un momento de hacer la oración que has realizado. Después repite el gesto tantas veces como quieras o tenga sentido para ti...

Los gestos que te he sugerido en el ejercicio son simples modelos. Trata de inventar tus propios gestos para expresar amor... alabanza... adoración.

O expresa algo que desees decir a Dios... Hazlo despacio y con la mayor gracia posible, de manera que se convierta en un movimiento lento de danza ritual...

Si te sientes desamparado e incapaz de hacer oración, si te encuentras sin recursos, expresa todo esto despojándote de tus ropas, postrándote en el suelo y extendiendo tus brazos en forma de cruz... esperando que Dios derrame sus gracias sobre tu forma postrada...

Cuando oras con el cuerpo das poder y *cuerpo* a tu oración. Esto es particularmente necesario cuando te sientes incapaz de hacer oración, cuando tu mente se distrae, tu corazón se vuelve de piedra y tu espíritu parece muerto. Trata entonces de permanecer delante de Dios en posición muy devota, con las manos juntas delante de tu pecho, los ojos vueltos hacia él en mirada suplicante... Algo de la devoción que expresas por medio de tu cuerpo se filtrará en tu espíritu y, probablemente, después de unos momentos te resultará más sencillo hacer oración.

Algunas personas encuentran, a veces, dificultades en la oración porque no aciertan a implicar a su cuerpo en ella; no saben introducir sus cuerpos en el templo santo de Dios. Dices estar de pie o sentado ante la presencia del Señor Resucitado pero en realidad estás derrengado en tu asiento o permaneces de pie en posición desaliñada... A todas luces, no estás aún poseído por la presencia amorosa del Señor... Si estuvieses plenamente pendiente de él lo notaríamos en tu cuerpo.

Quiero terminar este capítulo con otro ejercicio que puedes practicar en grupo, al igual que el ejercicio relacionado con las palmas de tus manos:

> Cierra los ojos. Logra la calma por medio de uno de los ejercicios de conscienciación...
>
> Ahora levanta lentamente tu rostro hacia Dios... Mantén los ojos cerrados... ¿Qué estás expresando a Dios a través de tu rostro vuelto hacia él? Permanece con ese sentimiento o comunicación durante algunos momentos... Después percibe con la mayor agudeza posible, la posición de tu rostro... la sensación de tu rostro...
>
> Pasados unos momentos pregúntate a ti mismo qué estás expresando a Dios por medio de tu rostro levantado y permanece así algunos instantes...

Ejercicio 10:
El toque de Dios

Esta es una variante piadosa de los ejercicios sobre sensaciones corporales. Te será útil si tienes ciertos reparos en llamar a estos últimos verdadera oración o contemplación.

> Repite uno de los ejercicios sobre las sensaciones del cuerpo... Tómate algún tiempo para experimentar el mayor número de las sensaciones más sutiles en las diversas partes de tu cuerpo...
> Ahora reflexiona: ninguna de las sensaciones que he percibido, por más tenue que sea el resultado de la reacción química, se daría si no existiese la omnipotencia de Dios... Siente la actuación del poder de Dios en la producción de cada una de las sensaciones...
> Siéntele tocándote en cada una de esas sensaciones que él produce... Siente el tacto de Dios en diferentes partes de tu cuerpo: áspero, suave, placentero, doloroso...

Personas deseosas de experimentar a Dios y conscientes de que aún no lo han logrado, me preguntan con ansia cómo pueden llegar a tener esta experiencia de él. La experiencia de Dios no tiene por qué ser algo sensacional o fuera de lo corriente. Existe, sin duda, una experiencia de Dios que difiere del curso ordinario de las experiencias a las que estamos habituados: se trata del silencio profundo del que he hablado anteriormente, la oscuridad resplandeciente, el vacío que trae plenitud. Se producen destellos repentinos, inenarrables, de eternidad o de infinitud que nos vienen cuando menos los esperamos, en medio del juego o del trabajo.

Cuando nos hallamos ante la presencia de la belleza o del amor... tenemos la sensación de salir fuera de nosotros... Rara vez juzgamos esas experiencias como extraordinarias o fuera de lo corriente. Apenas les prestamos atención. No las apreciamos en todo su valor y continuamos buscando la gran *experiencia de Dios* que transformará nuestras vidas.

En realidad, se requiere muy poco para *experimentar a Dios*. Basta con que nos tranquilicemos, con que alcancemos el silencio y tomemos en cuenta la sensación de nuestra mano. Ser conscientes de las sensaciones que se dan en nuestra mano... Ahí está Dios, viviendo y actuando en ti, tocándote, intensamente próximo a ti... Siéntelo... Experiméntalo...

Muchas personas consideran estas experiencias como algo carente de significación. Sin duda que sentir a Dios es algo más que la simple constatación de las sensaciones de nuestra mano derecha. Hay personas que, como los judíos, clavan sus ojos en el futuro esperando la venida de un mesías glorioso, sensacional, mientras que el Mesías auténtico se encontraba entre ellos, en la forma de un hombre llamado Jesús de Nazaret.

Olvidamos con demasiada facilidad que una de las lecciones más grandiosas de la encarnación es que Dios se encuentra en las cosas ordinarias. ¿Deseas ver a Dios? Mira el rostro de la persona que se encuentra junto a ti. ¿Quieres escucharlo? Presta atención al llano de un niño, al tumulto de una fiesta, al viento que susurra en los árboles. ¿Quieres sentirlo? Extiende tu mano y siente su caricia. O toca la silla en la que estás sentado o el libro que lees. O haz la calma dentro de ti y percibe las sensaciones de tu cuerpo, siente actuar en ti todo su poder sin límite y experimenta cuán próximo está de ti. Emmanuel. Dios con nosotros.

Ejercicio 11:
Sonidos

Si no pongo mucho cuidado en escoger un lugar tranquilo para los grupos de contemplación, algunos miembros del grupo se quejan invariablemente de los ruidos que les rodean. El tráfico de las calles, el sonido estridente de la radio. Una puerta que chirría. El teléfono que suena. Todos estos ruidos estorban su quietud y tranquilidad y les sumergen en distracciones.

Algunos sonidos favorecen el silencio y la oración. Escuchar el sonido lejano de la campana de una iglesia, por ejemplo, o el gorjeo de los pájaros al amanecer o escuchar las melodías del órgano en una iglesia grandiosa no producen molestia alguna. Y con todo, ningún sonido, a no ser algún ruido tan fuerte que te estropee los tímpanos, tiene por qué perturbar tu silencio, quietud y tranquilidad. Si aprendes a llevar a la contemplación todos los sonidos que te rodean (suponiendo que interfieran en tu acto de consciencia cuando estás en contemplación), descubrirás que existe un silencio profundo en el corazón de los ruidos. Me gusta, por este motivo, tener las sesiones de oración en grupo en lugares que no estén en silencio total. Una sala situada al lado de una calle de intenso tráfico se acomoda admirablemente a mis preferencias.

A continuación, presento un ejercicio que te ayudará notablemente a lograr la contemplación en medio de los sonidos que te rodean:

Cierra los ojos. Tapona tus oídos con los pulgares. Cubre los ojos con las palmas de tus manos.

Ahora no escuchas sonido alguno de los que te rodean.

Escucha el sonido de tu respiración.

Después de respirar diez veces profundamente, lleva tus manos muy despacio sobre tu regazo. Que

> tus ojos permanezcan cerrados. Presta atención a todos los sonidos que te rodean, el mayor número posible de ellos, los sonidos intensos, los tenues; los que se oyen cerca, los que suenan más alejados... Durante un rato escucha estos sonidos sin tratar de identificarlos (ruido de pasos, tic tac del reloj, ruido del tráfico...). Escucha todo el mundo de sonidos que te rodean considerándolos como un todo...

Los sonidos distraen cuando luchas por escapar de ellos, cuando intentas expulsarlos fuera de tu conciencia, cuando protestas de que no tienen derecho a estar allí. En esta última eventualidad, además de molestar, irritan. Si, por el contrario, los aceptas y los conciencias se convertirán para ti no en fuente de distracción o de irritación sino en un medio para lograr el silencio. Aprenderás por experiencia cuán relajante resulta este ejercicio.

Pero no solamente eso. Es también una buena contemplación. Podrías aplicar aquí la teoría sobre el desarrollo del Corazón dentro de ti para captar a Dios. En vez de ocupar tu mente en las sensaciones de tu cuerpo, podrías ocuparla haciéndote consciente de los sonidos que te rodean mientras tu Corazón se despliega gradualmente y comienza a tender hacia Dios.

Pero si esta teoría no te agrada, te presento otro medio para lograr que la contemplación, en este ejercicio, sea más explícita:

> Escucha todos los sonidos que te rodean, como hemos indicado en el ejercicio anterior...
>
> Asegúrate de que puedes escuchar hasta los sonidos más leves. Con frecuencia, un sonido se compone de otros muchos... tiene diferencias de nivel e intensidad... Averigua cuántos de estos matices puedes captar...
>
> Toma en cuenta ahora no tanto los sonidos que te rodean, sino tu acto de oir...

¿Qué sientes cuando percibes que posees la facultad de oir? ¿Agradecimiento... alabanza... gozo... amor?

Vuelve de nuevo al mundo de los sonidos y alterna entre la toma de conciencia de los sonidos y tu actividad auditiva... Piensa ahora que cada uno de los sonidos es producido y sostenido por la omnipotencia de Dios... Dios está *sonando* a tu alrededor... Descansa en este mundo de los sonidos... Descansa en Dios...

Típico de la mentalidad hebrea que encontramos en la Biblia es la capacidad para ver a Dios actuando en cada una de las cosas. Mientras nosotros nos quedamos exclusivamente en las causas segundas, los hebreos se situaban exclusivamente en la Causa Primera. ¿Habían sido derrotados sus ejércitos? Dios los había derrotado, no la impericia de los generales. ¿Llovía? Dios hacía caer la lluvia. ¿Eran destruidas sus cosechas por las langostas? Dios enviaba las langostas.

Es cierto que su visión de la realidad era parcial. Parecían ignorar por completo las causas segundas. También la visión del mundo que tenemos en nuestros días es igualmente imperfecta y parcial ya que parecemos ignorar por completo la Causa Primera. ¿Ha desaparecido tu jaqueca? Los hebreos dirían: «*Dios te ha curado*». Nosotros decimos: «*¡Deja a Dios en paz! Te ha curado la aspirina*». En realidad, Dios te ha curado por medio de la aspirina. Es una lástima: estamos rodeados de bienes de todo tipo pero hemos perdido el sentido del Infinito actuando dentro de nosotros... Ya no sentimos a Dios guiándonos por medio de los gobernantes, a Dios sanándonos de nuestras heridas emocionales por medio de las personas que nos aconsejan, a Dios que nos da la salud por medio de los médicos, a Dios que configura cada uno de los acontecimientos que acaecen, a Dios que envía a cada una de las personas que entran en nuestra vida, a Dios produciendo la lluvia, a Dios que juega en la brisa y nos toca en cada una de las sensaciones que experimentamos y en los sonidos que nos rodean, de tal manera que nuestro oído los registre y nosotros los oigamos.

Un añadido agradable al ejercicio puede consistir en que el grupo o quien lo dirige reciten una antífona con voz suave. Recitar la palabra sánscrita OM, puede ser de gran ayuda. En cualquier caso, se trata de recitar una línea o una palabra, permanecer después en silencio durante unos instantes y volver a recitarla de nuevo. Puedes intentarlo tú mismo si haces la contemplación en solitario. Lo importante no es escuchar únicamente el sonido, sino también el silencio que se produce después de cada línea o palabra que recitas.

Suelo introducir con frecuencia un recitado en determinados momentos en que el grupo contempla en silencio. Esto contribuye a profundizar el silencio si el grupo sabe escucharlo convenientemente. Efecto similar puede obtenerse golpeando rítmicamente un gong. Golpear el gong, escuchar la resonancia, percibir cómo muere el sonido, escuchar el silencio que se produce a continuación.

Ejercicio 12:
Concentración

Este es un ejercicio de pura toma de conciencia:

Elige un objeto sensible como centro básico de atención: te sugiero que elijas o bien las sensaciones de una parte del cuerpo o la respiración o los sonidos que te rodean.

Centra tu atención en ese objeto pero hazlo de manera que, si ésta se desvía a cualquier otro objeto, te des cuenta inmediatamente de esa desviación.

Supongamos que has escogido como objeto básico de atención tu respiración ¡Bien! ¡Concéntrate en tu respiración!... Es probable que, después de algunos minutos, tu atención se desplace a cualquier otro objeto, un pensamiento, un sonido, un sentimiento... Si tienes en cuenta este desplazamiento, no debes considerarlo como una distracción. Es importante, sin embargo, que lo conciencies cuando está produciéndose o inmediatamente después de haber tenido lugar. Lo considerarás como distracción sólo en el caso de que te des cuenta de él bastante después de haberse producido. Supongamos que tomas como objeto de atención tu respiración. En tal caso, tu ejercicio podría recorrer los pasos siguientes (voy a describir el proceso de toma de conciencia): *Estoy respirando... Estoy respirando... Ahora estoy pensando... pensando... pensando... Ahora estoy escuchando un sonido... escuchando... escuchando... Ahora estoy irritado... irritado... irritado... Ahora me siento cansado... cansado... cansado...*

Cuando realizamos este ejercicio no hay que pensar que la dispersión de la mente sea una distracción, a no ser que no te des cuenta de que tu mente divaga, que tu atención se desplaza de un objeto a otro... Una vez que hayas tomado en cuenta este desplazamiento, permanece centrado en el nuevo objeto (pensar, escuchar, sentir...) durante unos momentos; después retorna al objeto básico de tu atención (respiración)...

Tu pericia en la auto-concienciación puede desarrollarse de tal manera que te hagas capaz de percibir no sólo el desplazamiento de tu atención a otro objeto, sino incluso del deseo de cambiar, del impulso a pasar a cualquier otro objeto. Igual que cuando deseas mover tu mano, hacerte consciente de que consientes en él, de la puesta en práctica del deseo, del primer movimiento ligero de tu mano.

Todas las actividades que componen este proceso se realizan en una fracción infinitesimal de segundo. De ahí que nos resulte imposible distinguir cada una de ellas hasta que no hayamos logrado que reinen dentro de nosotros el silencio y la calma y que nuestra toma de conciencia haya adquirido la agudeza del filo de una navaja.

A veces consideramos la auto-consciencia como una forma de egoísmo y exhortamos a las personas a que se *olviden* de sí mismas y piensen en los demás. Para entender hasta qué punto puede ser nocivo este consejo, basta con oír alguna entrevista grabada de un consejero bien intencionado, comunicativo pero inexperto, con su cliente. Si aquél no tiene en cuenta lo que ocurre en su interior, de seguro que no será consciente de lo que suceda en la interioridad de su cliente y de lo que acaezca en el intercambio que se establece entre los dos. En tal caso, será muy escasa la ayuda que pueda prestarle; incluso estará en peligro de dañarle.

Tenerse en cuenta a sí mismo es un medio eficacísimo para crecer en el amor a Dios y al prójimo. La auto-consciencia incrementa el amor. El amor, cuando es auténtico, profundiza la auto-consciencia.

No busques medios recónditos para desarrollarla. Comienza por cosas sencillas, como es percibir las sensaciones de tu cuerpo o las cosas que te rodean y pasa después a ejercicios como el que te recomiendo en este capítulo. Al cabo de poco tiempo notarás los frutos de quietud y de amor que la auto-consciencia ejercitada te dará.

Ejercicio 13:
Encontrar a Dios
en todas las cosas

Esto es una recapitulación de la mayoría de los ejercicios precedentes.

Realiza algunos de los ejercicios de toma de conciencia expuestos en las páginas anteriores.

Fija, por ejemplo, la sensación de tu cuerpo como punto de atención... Observa no sólo las sensaciones que se ofrecen espontáneamente a tu conciencia, las más intensas, sino también las más sutiles... Si es posible, abstente de dar nombre a las sensaciones (ardor, entumecimiento, pinchazo, comezón, frío...). Trata de sentirlas sin darles nombre...

Actúa de igual manera con los sonidos... Trata de captar el mayor número de ellos... No busques identificar su fuente... Escucha los sonidos sin darles nombre...

A medida que avances en este ejercicio notarás que te invade una gran calma, un silencio profundo... Ahora percibe, por un instante, esta quietud y silencio...

Experimenta qué bien se está aquí ahora. No tener nada que hacer. Simplemente ser.

Ser.

Para los que se sienten más inclinados a lo devoto:

Realiza el ejercicio precedente hasta que sientas la quietud que trae consigo...

Percibe, durante un momento, la quietud y el silencio... A continuación, comunícate con Dios sin emplear palabras. Imagina que eres mudo y que puedes comunicarte tan sólo con los ojos y con la respiración. Dile al Señor sin Palabras: «¡*Señor! ¡Qué bien se está aquí contigo!*».

O no te *comuniques* con el Señor. Confórmate con permanecer en su presencia.

También para los que se sienten inclinados a lo devoto: un ejercicio rudimentario de *encontrar a Dios en todas las cosas*.

Retorna al mundo de los sentidos. Percibe con la mayor agudeza posible el aire que respiras... los sonidos que te rodean... las sensaciones que experimentas en tu cuerpo...

Siente a Dios en el aire, en los sonidos, en las sensaciones... Permanece en el mundo de los sentidos... Permanece en Dios... Entrégate al mundo de los sentidos (sonidos, sensaciones del tacto, colores...). Entrégate a Dios...

Ejercicio 14:
Hacerse consciente
de los demás

Hasta el presente, todos los ejercicios que has realizado se basaban en la consciencia del yo y de Dios a través del yo. Esto se debe a que tú eres para ti la realidad más cercana a Dios. No podrás experimentar nada que se encuentre más próximo a Dios que tú mismo. San Agustín insistiría con acierto en que tenemos que devolver el hombre a sí mismo para que éste haga de sí una pasarela hacia Dios. Dios es el fundamento verdadero de mi ser, el Yo de mi yo, y no puedo profundizar dentro de mí sin entrar en contacto con él.

Conscienciarse a uno mismo es también un medio para desarrollar la consciencia de los demás. En la medida en que sintonice con mis propias sensaciones seré capaz de percibir los sentimientos de los demás. Sólo en la medida en que tenga en cuenta mis reacciones frente a los demás seré capaz de salir a su encuentro con amor, sin causarles daño alguno. Cuando tomo en cuenta mis propias sensaciones desarrollo la capacidad de tener en cuenta a mi hermano. Si tengo dificultades para percibir lo que es más cercano, a mí mismo, ¿cómo podré evitar tener dificultades para conscienciar a Dios y a mi hermano?

El ejercicio de conscienciar al otro que voy a proponerte no parte, como quizás piensas, del prójimo. Voy a fijarme en algo que es mucho más sencillo: conscienciar el resto de la creación. Partiendo de ahí, podrás llegar gradualmente al hombre. En este ejercicio pretendo que desarrolles una actitud de reverencia y de respeto hacia toda la creación inanimada: hacia todos los objetos que te rodean. Algunos grandes místicos nos dicen que, cuando alcanzaron el estadio de iluminación, se sintieron misteriosamente llenos de un sentido de reverencia profunda. Reverencia ante Dios, ante la vida en todas sus formas, reverencia ante la creación inmensa también... Y se sintieron empujados a personalizar toda la creación. En adelante dejaron de tratar a las personas como cosas. Y a las cosas como cosas: era como si incluso las cosas se hubiesen convertido en personas. Como consecuencia, creció en ellos el respeto y amor que tenían a las personas.

Francisco de Asís fue uno de estos místicos. El veía en el sol, en la luna, en las estrellas, en los árboles, en los pájaros, en los animales, hermanos y hermanas suyas. Formaban parte de su familia y les hablaba amorosamente. ¡San Antonio de Padua llegó a predicar a los peces! ¡Una locura!, pensaremos nosotros. Actitud profundamente sabia, personalizadora y santificadora desde un punto de vista místico.

Desearía que experimentases por ti mismo algo de esto en lugar de conformarte con leerlo. De ahí que te proponga este ejercicio. Es necesario que dejes a un lado tus prejuicios de *adulto* y te hagas como un niño que habla con su juguete con la misma seriedad con que Francisco de Asís hablaba con el sol, la luna, los animales. Si te haces como un niño, al menos por unos momentos, podrás descubrir el reino de los cielos y aprenderás secretos que Dios oculta, de ordinario, a los sabios y a los prudentes.

Elige uno de los objetos que utilizas frecuentemente: la pluma, una copa... Deberá ser un objeto que puedas mantener fácilmente en tus manos...

Mantén ese objeto en las palmas de tus manos extendidas. Ahora cierra los ojos y trata de sentirlo en tus manos... Percíbelo con la mayor agudeza posible. En primer lugar, su peso... después, la sensación que produce en las palmas de tus manos...

Ahora explóralo con los dedos o con ambas manos. Es importante que lo hagas despacio y con reverencia: explora su aspereza o tersura, su dureza o blandura, su calor o frío... Ahora haz que toque otras partes de tu cuerpo y observa si produce sensaciones diferentes. Acércalo a tus labios... a tu pecho... a tu frente... al reverso de tu mano...

Te has informado sobre el objeto por medio del sentido del tacto... Infórmate ahora percibiéndolo por medio de la vista. Abre los ojos y contémplalo desde diferentes ángulos... Observa todos los detalles: su color, su forma, sus partes diversas...

Huélelo, degústalo, si es posible... escúchalo colocándolo muy próximo a tu oído...

Ahora, lentamente, coloca el objeto frente a ti, o en tu regazo, y habla con él... Comienza haciéndole preguntas referentes a él, a su vida, a sus orígenes, a su futuro... Escúchale con atención mientras desvela para ti el secreto de su ser y de su destino... Escúchale mientras te explica lo que significa para él existir.

Tu objeto esconde un conocimiento sobre ti que quiere revelarte... Pregúntale de qué se trata y escucha lo que tiene que decirte... Hay algo que puedes dar a este objeto. ¿Qué es? ¿Qué quiere de ti?...

Ahora coloca este objeto y a ti mismo en presencia de Jesucristo, Palabra de Dios, en quien y para quien todo ha sido creado. Escucha lo que tiene que decirte a ti y al objeto... ¿Qué le responderéis ambos?...

Mira de nuevo a tu objeto... ¿Has cambiado tu actitud respecto de él?... ¿Se ha producido algún cambio en tu actitud respecto de los demás objetos que te rodean?...

Beneficios personales
que derivan de la consciencia

Cuando te inicias en el tipo de contemplación propuesto en los ejercicios precedentes, es posible que desconfíes del valor que encierran. Parecen no encajar en la meditación ni en la oración tal como se las entiende tradicionalmente. Si concebimos la oración como *hablar con Dios,* aquí se habla muy poco o nada. Si meditación significa reflexión, luces, propósitos, se ve que estos ejercicios tienen muy poco que ver con la finalidad que persigue la meditación. De estos ejercicios sales sin nada concreto que mostrar en compensación de todos los esfuerzos que has realizado. Nada digno de ser recogido en tu diario espiritual, al menos cuando comienzas a realizarlos... Después de haber dedicado un tiempo a ellos, tendrás la desagradable sensación de no haber hecho nada, de no haber logrado nada. Esta forma de oración resulta particularmente penosa a los jóvenes y a las personas que valoran las cosas por los resultados. Personas para las que el esfuerzo es más importante que el hecho de ser.

Recuerdo a un joven que parecía no tener resultado alguno de estos ejercicios. Le parecía tremendamente aburrido tener que permanecer sentado, inmóvil, y tener que enfrentarse al vacío aunque reconocía que le era totalmente imposible ocupar su mente en cualquier otra cosa mientras hacía oración. Según él, empleaba la mayor parte del tiempo en luchar contra las distracciones —por lo general sin éxito— y quería que yo le ofreciera algo que le hiciera parecer más valioso el tiempo y el esfuerzo que empleaba mientras hacía oración. Por fortuna para él, perseveró en estos ejercicios, aparentemente ineficaces, y, pasados unos seis meses, vino a contarme que conseguía en ellos unos resultados inmensos, incomparablemente mayores que los anteriormente logrados en su oración y meditación. ¿Qué había sucedido? Encontraba, sin duda, en estos ejercicios mayor paz. Sus distracciones no habían desaparecido. Seguía pensando que los ejercicios que realizaba eran tan aburridos como antes. Nada había cambiado en ellos. Pero había cambiado su vida. El esfuerzo constante, doloroso, realizado día tras día para exponerse a lo que parecía ser nada y vacío, la lucha por acallar su mente y lograr un cierto silencio concentrándose en las sensaciones corporales, en la respiración o en los sonidos estaba reportándole un poder nuevo en su vida diaria, poder que jamás había tenido anteriormente, poder tan grande que se percibía palpablemente en su vida.

Este es uno de los mayores beneficios de esta forma de oración: el cambio en uno mismo, logrado, aparentemente, sin esfuerzo. Todas las virtudes que anteriormente intentaste conseguir ejercitando tu *fuerza de voluntad* parecen llegarte ahora sin esfuerzo alguno: sinceridad, sencillez, cordialidad, paciencia... Los vicios parecen desvanecerse sin que uno se lo proponga o se esfuerce: vicios tales como el fumar, excesivo uso del alcohol, la fanfarronería, dependencia excesiva de otras personas.

Cuando te ocurra todo esto, te darás cuenta de que no ha sido en vano el tiempo que has dedicado a estos ejercicios; que están produciendo dividendos.

Beneficios para el grupo

Si realizas estos ejercicios en grupo, observarás también los beneficios que reporta al grupo. El mayor de todos ellos es un crecimiento del amor entre todos los miembros del mismo. En nuestros días se llevan a cabo muchos y meritorios esfuerzos por lograr mayor unión de corazón entre los miembros de comunidades religiosas y en la familia. Para ello, se echa mano del diálogo, de grupos de participación y de encuentro. Existe, además, otro medio para conseguirlo: el grupo de contemplación, donde todos los miembros del grupo se sientan juntos, al menos durante media hora cada día, preferentemente en círculo (no sé a qué se debe, pero esto ayuda) en silencio total. Es importante que el silencio no sea tan sólo externo, ausencia de movimientos físicos dentro de la sala, no verbalización de la oración; es preciso que sea interno también, que los miembros del grupo traten de crear el silencio de las palabras y de los pensamientos dentro de ellos por medio de ejercicios parecidos a los que hemos presentado anteriormente.

Un hombre casado me decía que su esposa y él dedican cada mañana una hora a esta forma de contemplación, colocados uno frente al otro, con los ojos cerrados. Me confesaba que, después de cada hora, experimentan una unión de corazones y un amor mutuo que excede todas sus experiencias, incluso las que vivieron en los tiempos de enamoramiento romántico. Debo añadir que estas dos personas se han hecho expertas en el arte de la contemplación y del silencio de la mente.

Un sacerdote que hizo un retiro de treinta días bajo mi dirección, formando parte de un grupo de cuarenta sacerdotes a los que él no conocía ni de nombre, me confesó, al finalizar el retiro, que se había sentido más ligado a ese grupo que a cualquier otro de los que había formado parte a lo largo de su vida. Que durante el retiro sintiese tal unidad con el grupo se debió a que éste se reunía cada noche durante unos cuarenta y cinco minutos para hacer contemplación comunitaria en el silencio más absoluto.

El silencio, cuando es profundo, puede unir. A veces empleamos las palabras para impedir la comunicación. Un director de ejercicios que imita los ejercicios Zen en los que los participantes pasan horas juntos en silencio total tratando de vaciar sus mentes de todo contenido conceptual, me decía que pide siempre a los ejercitantes que hagan su contemplación todos juntos en un salón. Razón: ayuda enormemente a unir a todas estas personas —al menos unas ochenta, desconocidas entre sí— y a darles un sentido profundo de unión con los demás.

La contemplación
resulta más fácil en grupo

Probablemente te será más fácil concentrarte y realizar con provecho estos ejercicios si los practicas en un grupo de personas que quieren también lo mismo.

Es importante que todos los miembros del grupo se esfuercen seriamente en practicar esta forma de contemplación. La pereza o cansancio mental de una persona arrastrará a los demás, así como los esfuerzos de algunos «contemplativos» dentro del grupo servirán de gran ayuda a los otros. En muchas ocasiones me han confesado algunos ejercitantes que notaban gran diferencia entre hacer la contemplación en grupo o solos en su habitación. Naturalmente, no se trata de una norma universal, pero me llamó la atención el que, en unos ejercicios budistas a los que asistí, cuando alguno de los participantes encontraba muchas dificultades para concentrarse, el director de los ejercicios le invitase a sentarse junto a él y esto parecía ser un remedio eficaz.

¿Se produce una especie de comunicación inconsciente, contagiosa, cuando unas personas logran un silencio profundo en la proximidad física de otras? O ¿existen «vibraciones», generadas por medio de este ejercicio, con efectos beneficiosos sobre aquellos que se encuentran en una proximidad suficiente para quedar expuestos a las mismas? Nuestro maestro budista mantenía esta teoría. Y recomendaba también muy en serio otra práctica que yo he encontrado muy beneficiosa: en la medida de lo posible, hacer la contemplación siempre en el mismo lugar, en la misma esquina; esquina o habitación reservada únicamente a esta finalidad. O hacerla en un lugar utilizado por otros para orar o contemplar. Razón: según él, las vibraciones buenas, generadas por medio de la oración y de la contemplación. Además, continuaba, las vibraciones persisten una vez que ha terminado la contemplación. No sé si las razones son válidas o no, pero, por experiencia personal y ajena, sé que ayuda a orar en lugares «sagrados» que han sido santificados por la práctica frecuente de la contemplación.

Valor especial de la conscienciación del cuerpo

He sugerido frecuentemente que, para la contemplación, percibieras tu respiración, los sonidos o las sensaciones corporales. ¿Tienen todas ellas igual valor? En mi opinión, la percepción de las sensaciones corporales tiene una ventaja sobre las de los sonidos o la respiración. Además de los beneficios espirituales que aporta, la persona que practica este tipo de «conscienciación» recibe otros muchos beneficios psicológicos. Llega, incluso, un momento en que todas las partes del cuerpo ofrecen sensaciones a esa actividad.

Existe una conexión muy estrecha entre el cuerpo y la psique y cualquier daño infligido a uno de ellos parece afectar al otro. Lo mismo que cualquier aumento en la salud de uno parece ejercer efectos beneficiosos en el otro. Cuando la percepción de tu cuerpo se agudiza de tal manera que cada una de sus partes se hace viva con multitud de sensaciones, tiene lugar una descarga de tensiones, físicas y emocionales. He conocido personas que se han liberado de enfermedades psicosomáticas, tales como asma y jaquecas y de trastornos emocionales, tales como resentimiento y temores neuróticos, mediante la práctica constante de la percepción de las sensaciones de su cuerpo.

A veces este ejercicio puede desembocar en un destape del subsconsciente y hacer que una persona se vea inundada de fuertes sentimientos y fantasías relacionadas con materiales reprimidos, por lo general sentimientos y fantasías relacionadas con el sexo y la ira. En todo esto no existe peligro si continúas con tus ejercicios y no das importancia a los sentimientos y fantasías. Cuida, como dije anteriormente, de no permanecer muchas horas seguidas conscienciando la respiración a no ser que tengas a mano un guía competente.

Si deseas acometer seria y sistemáticamente la práctica de estos ejercicios, te recomiendo que comiences por tener en cuenta la respiración y los sonidos. Dedica a esto unos pocos minutos, al comienzo de cada ejercicio, pasa después a las sensaciones de tu cuerpo, dando a estas últimas la mayor importancia posible y pasando por cada una de las partes del cuerpo hasta que todo él se convierta en un hervidero de sensaciones. Entonces quédate percibiendo tu cuerpo como un todo hasta que comiences a notar que te distraes y que necesitas de nuevo pasar de una parte a otra. Esto te reportará el beneficio espiritual de abrir tu Corazón a lo divino. Recibirás, además, los beneficios de alma y cuerpo que este ejercicio trae consigo.

Por último, una palabra de ánimo: la paz y el gozo que te he prometido como premio a la práctica fiel y constante de estos ejercicios son sentimientos a los que, probablemente, no estás acostumbrado; algo que al principio es tan sutil que a duras penas puedes reconocer en ello un sentimiento o una emoción. Si no tienes esto en cuenta, puedes desanimarte demasiado fácilmente.

El deleite y gozo de esta paz es un paladar adquirido. Cuando decimos a un niño que la cerveza sabe bien, él aproxima la jarra a sus labios con su experiencia personal de lo que sabe bien y se sorprende y disgusta porque la cerveza no posee la dulzura de las bebidas que él ha tomado hasta entonces. Se le dijo que la cerveza sabía bien y, para él, saber bien era sinónimo de *dulce*. Acércate a realizar estos ejercicios sin llevar ideas o nociones preconcebidas. Acércate con la disponibilidad necesaria para descubrir nuevas experiencias (que quizás al principio no te parezcan «experiencias») y para adquirir nuevos paladares.

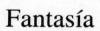

Fantasía

Ejercicio 15:
Aquí y allá

En nuestra imaginación se esconde una fuente, insospechada y desaprovechada, de vida y de Poder. Antes de comenzar a enseñarte a utilizarla en la contemplación, quiero descubrirte esta realidad proponiéndote una experiencia.

Cierra los ojos. Adopta una posición descansada. Durante unos momentos trata de calmarte practicando uno de los ejercicios de conscienciación. Para que tu fantasía pueda trabajar es importante que tu mente esté en calma, reposada y en paz...

Ahora trasládate con la imaginación a algún lugar en el que te hayas sentido feliz en el pasado... Una vez elegido el lugar, dedica unos minutos a captar todos los detalles del lugar... Para ello, pon en juego cada uno de tus *sentidos* imaginativos: ve cada uno de los objetos que hay en el lugar, los colores, escucha de nuevo cada uno de los sonidos, toca, degusta y huele, si es posible, hasta que el lugar adquiera la mayor viveza posible...

¿Qué haces?... ¿Qué sientes?...

Cuando hayas permanecido en este lugar unos cinco minutos, retorna al presente, a tu exigencia en esta habitación en la que nos encontramos ahora... Observa el mayor número posible de detalles en la situación actual... Capta, principalmente, lo que sientes aquí... Dedica a esta tarea unos diez minutos...

Ahora vuelve de nuevo al lugar al que viajaste con tu imaginación… ¿Qué sientes ahora?… ¿Se ha producido algún cambio en el lugar o en tus sentimientos?…

Vuelve a esta habitación… y viaja constantemente de un lugar a otro, del lugar del pasado a la habitación en que te encuentras en este momento; hazte consciente, en cada momento, de lo que sientes y de cualquier cambio que pueda producirse en tus sensaciones…

Cuando hayan pasado algunos minutos, te pediré que abras los ojos y pongas fin a la experiencia; te invitaré también a compartir con nosotros tu experiencia si lo deseas.

En la comunicación que se produce después de este ejercicio, muchas personas dicen que se sienten renovadas y fortalecidas. Con la imaginación viajan a algún lugar en el que experimentaron amor, gozo, paz profunda y silencio en algún momento de su vida pasada… Cuando reviven la escena en su fantasía son capaces también de revivir las emociones que sintieron cuando la escena tuvo lugar por primera vez.

El retorno a la habitación en la que se encuentran actualmente suele ir acompañado frecuentemente de un cierto malestar… Pero, si cambian constantemente del lugar vivido con la imaginación a la habitación en la que se encuentran y viceversa, traen consigo del *lugar imaginado* una buena dosis de emociones positivas que han experimentado allí. Vuelven renovados y fortalecidos. Y, por extraño que pueda parecer, su percepción de la realidad presente se agudiza. Lejos de ser una huida de la realidad, como muchas personas piensan cuando escapan al mundo de su fantasía, este repliegue les ayuda a zambullirse con mayor profundidad en la realidad presente, a captarla mejor y abordarla con vigor renovado.

La próxima vez que te sientas cansado y abatido intenta esta experiencia y comprobarás los resultados que te re-

gala... Quizás pertenezcas al grupo de personas que han
empleado con escasa frecuencia el poder de su fantasía y
que al principio encuentras muchas dificultades para imaginar con viveza cualquier cosa. En tal caso, te será necesaria una cierta práctica hasta que llegues a percibir los
beneficios de este ejercicio vigorizador. Si perseveras, te
sonreirá el éxito.

Cuando intentes realizar este experimento, asegúrate
de que tu imaginación trabaja de verdad; de que no te
limitas a recordar la escena o el acontecimiento. La fantasía se diferencia de la memoria en que en la fantasía
revivo el acontecimiento que recuerdo. No me doy cuenta
de mi entorno actual. En mi mente y mi consciencia, me
encuentro presente en el lugar revivido por la imaginación.
Así, cuando mi fantasía recrea una escena en la playa,
imagino que oigo el rumor de las olas, siento de nuevo
que el sol quema mi espalda desnuda, siento el contacto
de la arena caliente... y, como consecuencia, experimento,
otra vez, las sensaciones que tuve cuando sucedió la escena
por primera vez.

En otros tiempos quizás hubiera aceptado las quejas
de los ejercitantes que me decían: «No puedo orar con la
imaginación... Tengo muy poca fantasía». Tal vez les
habría aconsejado emplear otra forma de oración. En la
actualidad estoy plenamente convencido de que, con un
poco de práctica, cualquier persona puede desarrollar su
poder de imaginar y, de esa forma, adquirir riquezas emocionales y espirituales insospechadas.

Si piensas que eres totalmente incapaz de usar tu imaginación, intenta esto: Mira fijamente un objeto que tengas
delante de ti. Cierra después los ojos y trata de visualizar
mentalmente el objeto. Capta todo el número de detalles
que puedas. A continuación abre los ojos y mira de nuevo
el objeto; observa los detalles que no ha recogido tu imagen
mental. Cierra los ojos de nuevo y trata de ver cuántos
detalles de tu objeto puedes captar ahora, con qué agudeza
los percibes... puedes intentar algo semejante con el sentido imaginativo del oído: escucha algunos compases de

música en el magnetofón... cáptalos mentalmente.... pon de nuevo la cinta y nota los que no has retenido... De esta manera, desarrollarás gradualmente tu poder de imaginación.

Vamos ahora a *espiritualizar* el experimento que te he presentado al comienzo del ejercicio. De esta manera conseguirás sacar algún provecho espiritual.

Cierra los ojos y permanece en calma durante algunos momentos...

Ahora viaja con tu imaginación a un lugar en el que hayas experimentado a Dios en el pasado...

Pon en práctica el procedimiento que sugerí para el ejercicio anterior... cambia de un lugar a otro... Mira si puedes recordar algo de la experiencia espiritual que viviste en el pasado y revive en el momento presente algo del poder espiritual que te dio aquella experiencia.

Para emplear tu fantasía con provecho y sacar el máximo beneficio de estos ejercicios, debes encontrarte en un estado de soledad interior profunda. Entonces serán vivas tus imágenes. Podrían llegar a ser tan vivas como la realidad del mundo sensible.

No temas que estos ejercicios te conviertan en un escapista o te hagan soñar despierto. Esto último es peligroso cuando el soñador es incapaz de distinguir entre la realidad sensible y la realidad imaginada o carece de poder para dominar sus sueños a voluntad. Si tienes ese poder, puedes realizar estos ejercicios sin miedo alguno.

Ejercicio 16:
Un lugar para orar

Una de las mayores ayudas para la oración es encontrar un lugar que invite a la oración. En páginas anteriores he hablado de lugares que encierran «vibraciones» buenas.

Quizás hayas tenido también la suerte de experimentar la calma que ha producido en ti una bella puesta de sol o la influencia benéfica que una aurora poética ha tenido en tu oración. O el parpadeo de las estrellas en la noche cuando se destacan luminosas sobre el firmamento oscuro. O la luz de la luna asomándose entre las ramas de los árboles.

La proximidad de la naturaleza ayuda notablemente a muchas personas en la oración. Sin duda que cada uno tiene sus preferencias: unos prefieren una playa con el sonido de las olas que golpean la arena; otros aman el río que discurre lentamente o el silencio y la belleza de los alrededores de un lago o la paz de la cima de una montaña... ¿No te ha llamado nunca la atención que Jesús, maestro en el arte de orar, se tomase la molestia de subir a la cumbre de una montaña para orar? Al igual que todos los grandes contemplativos, era consciente de que el lugar en el que oramos influye en la calidad de nuestra oración.

Por desgracia, la mayoría de nosotros vivimos en lugares que nos impiden el contacto con la naturaleza y los sitios que nos vemos obligados a escoger para la oración no nos estimulan a levantar nuestro espíritu a Dios. Razón de más para permanecer durante largo tiempo y con amor en aquellos lugares, dondequiera que se encuentren, que nos ayudan a orar. Saca tiempo para mirar y respirar en la noche de luna o tachonada de estrellas, en la playa o en el alto de la montaña, en cualquier otro lugar. Puedes grabar estos parajes en tu corazón y cuando te encuentres geográficamente alejado de ellos, los tendrás vivamente presentes en tu memoria y podrás volver a ellos con la imaginación.

Intenta hacerlo ahora mismo:

Después de dedicar algún tiempo a alcanzar la quietud, viaja con la imaginación a algún lugar que estimule tu oración: una playa, la orilla de un río, la cima de una montaña, una iglesia silenciosa, la terraza desde la que puede contemplarse el firmamento estrellado, un jardín regado por la luz de la luna... Ve el lugar con la mayor viveza posible...

Todos los colores... Escucha todos los sonidos (las olas, el viento en los árboles, los insectos en la noche...).

Ahora levanta tu corazón a Dios y dile algo.

Los que estáis familiarizados con los ejercicios de san Ignacio de Loyola recordaréis lo que se llama «composición de lugar». Ignacio recomienda que reconstruyamos el lugar en el que se desarrolló la escena que queremos contemplar. Pero en el texto original español no aparece la expresión «composición de lugar», sino «composición, viendo el lugar». En otras palabras, no se trata del lugar que compones, sino de ti mismo cuando ves por medio de la fantasía. Si has tenido buenos resultados en el ejercicio anterior, entenderás lo que quiere decir Ignacio cuando habla de esto.

Y tendrás un centro de paz en tu corazón. Podrás retirarte a él cuando sientas necesidad de reposo y de soledad, aunque físicamente te encuentres en la plaza del mercado o en un tren abarrotado de gente.

Ejercicio 17:
El retorno a Galilea

Cuando dos personas que se aman han peleado y quieren juntarse de nuevo, es de gran utilidad recordar los momentos felices que vivieron juntos en el pasado. Dios recordó constantemente a los hebreos, por medio de los profetas, la luna de miel que había mantenido con su pueblo cuando tomó a Israel por esposa en el desierto y recriminó a su pueblo que, una vez en la tierra que mana leche y miel, Israel corriera tras otros amantes olvidando los días de su luna de miel con Dios.

En momentos de crisis espiritual es bueno recordar el consejo del Señor Resucitado a sus discípulos: «Volved a

Galilea». Vuelve a los días de gozo pasados con el Señor.
Retorna y le encontrarás de nuevo. Y como les sucedió a
los apóstoles, quizás lo encuentren bajo otras apariencias.
Con todo, no es preciso esperar a que lleguen días de crisis
para practicar el consejo. Si lo realizásemos con la debida
frecuencia, seríamos capaces de evitar las crisis.

> Vuelve con tu imaginación a alguna escena en
> la que experimentaste la bondad de Dios y el amor
> que te tiene... del modo que sea... Permanece con
> él y acepta de nuevo el amor de Dios... Ahora vuelve
> al presente y habla con Dios.
> O retorna a aquel acontecimiento en el que te
> sentiste muy cerca de Dios... o en que sentiste pro-
> fundo gozo y consuelo espiritual...
> Es importante que re-vivas el acontecimiento en
> tu imaginación y no te limites simplemente a recor-
> darlo... Tómate todo el tiempo que sea preciso...
> Esta re-vivencia despertará de nuevo los sentimien-
> tos que tuviste entonces: gozo, intimidad, amor...
> Asegúrate entonces de que no quieres escapar de
> aquellos sentimientos; por el contrario, trata de man-
> tenerlos todo el tiempo que puedas... Quédate con
> ellos hasta que percibas una sensación de paz y de
> contento. Entonces vuelve al presente...
> Habla con el Señor durante algunos minutos y
> pon fin al ejercicio.

La observación de pararse en esos sentimientos pla-
centeros es importante porque, aunque parezca extraño,
la mayoría de las personas toleran muy poco los sentimientos positivos. Tienen un sentido profundamente en-
raizado de inutilidad que les hace huir instintivamente de
todo lo que sea, sensaciones placenteras incluso momen-
táneas, o les crean complejo de culpa, o piensan que no
merece la pena, o lo que sea... Vigila esta tendencia y
asegúrate de mantener estos sentimientos dentro de ti,
sentimientos que reviven los momentos deliciosos que pa-
saste en la compañía del Señor.

Algunos santos solían escribir una nota sobre las experiencias místicas que vivían. Guardaban así una especie de diario de su trato con el Señor. No te recomiendo que escribas largos relatos de tus experiencias espirituales. Pero, si la experiencia ha sido muy intensa, una nota breve puede ayudarte más tarde para volver a Galilea...

Una de las tragedias que padecen nuestras relaciones amorosas con Dios, con nuestros amigos y con otras personas queridas es nuestra enorme facilidad de olvido.

Ejercicio 18:
Los misterios gozosos de tu vida

Cada uno de nosotros lleva en su corazón un álbum de fotografías queridas del pasado. Memorias de acontecimientos que nos produjeron alegría. Abre ahora ese álbum y revive el mayor número posible de acontecimientos...

Si anteriormente jamás has realizado este ejercicio, no es muy probable que la primera vez que lo intentes vayas a encontrar muchos acontecimientos de ese tipo. Pero gradualmente irás descubriendo más y más enterrados en tu pasado, disfrutarás desenterrándolos y reviviéndolos en la presencia del Señor. Más aún, cuando nuevos acontecimientos te visiten con nuevas alegrías acariciarás su recuerdo y no permitirás que se pierda tan fácilmente; llevarás contigo un inmenso tesoro del que podrás elegir siempre que quieras dar una nueva alegría y vigor a tu vida.

Pienso que esta fue la manera en que se comportó María cuando guardaba cuidadosamente dentro de su corazón preciosos recuerdos de la infancia de Cristo, memorias que más tarde reviviría con amor.

Trasládate a alguna escena en la que te hayas sentido profundamente amado... ¿Cómo te fue de-

mostrado ese amor? ¿Con palabras? ¿En miradas?
¿En gestos? ¿Un acto de servicio? ¿Una carta?...
Prolonga la escena hasta que experimentes algo del
gozo que sentiste cuando tuvo lugar aquel acontecimiento.

    Vuelve a alguna escena en la que sentiste gozo...
¿Qué causa hizo que sintieras aquel gozo? ¿Buenas
noticias?... ¿El cumplimiento de alguno de tus deseos?... ¿Una escena natural?... Trata de recrear la
escena original y los sentimientos que la acompa-
ñaron... Vive esos sentimientos durante el mayor
tiempo posible...

Este acto de volver a escenas pasadas en las que sentiste amor y gozo es uno de los ejercicios más exquisitos
que conozco para edificar tu bienestar psicológico. Muchos de nosotros pasamos de largo por lo que un psicólogo
llama «*experiencias-cumbre*». Lo peor es que cuando tiene
lugar la experiencia muy pocas personas tienen la habilidad
de entregarse a ella. En consecuencia, no les sirve de nada
o de muy poco. Urge que retornen con la imaginación a
esas experiencias y que gradualmente capten al máximo
su contenido. Si pones esto en práctica, descubrirás que
aun cuando vuelvas con mucha frecuencia a esas experiencias, siempre hallarás en ellas alimento abundante. Su
contenido parece no agotarse jamás. Son un gozo para
siempre.

Ten mucho cuidado, sin embargo, de que, cuando lo
hagas, no actúes como si las contemplases desde fuera.
Es preciso revivirlas, no observarlas o mirarlas desde fuera. Por consiguiente, métete dentro de esas escenas, par-
ticipa en ellas. Haz que tu fantasía sea tan viva que la
experiencia parezca suceder ahora por primera vez.

Antes de que pase mucho tiempo experimentarás el
valor psicológico de este ejercicio y adquirirás un nuevo
respeto por la imaginación como fuente de vida y de energía. La fantasía es una herramienta valiosísima para la
terapia y para el crecimiento de la personalidad. Si se

fundamenta en la realidad (cuando imaginas acontecimientos o escenas que han sucedido de hecho) tiene el
mismo efecto (placer o dolor) que la realidad misma. Si
en la tenue luz del atardecer veo venir hacia mí a un amigo
e imagino que es un enemigo, todas mis reacciones, psi-
cológicas y fisiológicas, serán idénticas a las que tendría
si mi enemigo estuviese allí realmente. Si una persona
sedienta en medio del desierto imagina ver agua, el efecto
producido sobre él será idéntico al que habría sufrido si
hubiese visto realmente agua. Cuando revivas escenas en
las que sentiste amor y gozo, disfrutarás de todos los
efectos que se derivan de estar realmente expuestos al amor
y al gozo... y los beneficios son inmensos.

¿Qué significación espiritual tiene un ejercicio como
éste? En primer lugar, rompe la resistencia que muchas
personas oponen en la experiencia del amor y el gozo.
Aumenta su capacidad de aceptar el amor y dar la bien-
venida al gozo cuando llaman a la puerta de sus vidas.
Como consecuencia, aumenta su capacidad de experimentar a Dios, de abrir los corazones a su amor y a las
alegrías que la experiencia de Dios produce. Quien no
permite sentirse amado por el hermano al que ve, ¿cómo
permitirá sentirse amado por Dios a quien no ve?

En segundo lugar, este ejercicio ayuda a superar el
sentido inherente de futilidad, de nulidad, de culpa, uno
de los principales obstáculos que colocamos en nuestro
camino hacia Dios. De hecho, el primer efecto de la gracia
de Dios, cuando entra en nuestros corazones, es hacernos
sentir intensamente amados y amables.

Ejercicios como éste preparan el terreno para la gracia.
En efecto, nos inclinan a aceptar el hecho de que somos
personas a las que se puede amar.

He aquí otra forma de sacar provecho espiritual de este
ejercicio:

Re-vive una de aquellas escenas en las que te
sentiste profundamente amado o inundado de gozo...
Busca y encuentra la presencia del Señor en esa
escena... ¿En qué forma está él presente?

Esta es una de las maneras de aprender a encontrar a
Dios en cada uno de los acontecimientos de tu vida, pasada
y presente.

Ejercicio 19:
Los misterios dolorosos

Con frecuencia muchas personas llevan consigo heridas del pasado que aún supuran dentro de sus corazones.
Con el paso del tiempo llega un momento en que ya no
se siente la supuración. Pero el efecto dañoso de la herida,
si no ha curado, persistirá.

Por ejemplo, un niño se verá inundado de tristeza al
perder a su madre. La tristeza y la pena pueden ser re-
primidas y olvidadas. Pero continúan influyendo en la vida
de este niño, ahora adulto: quizás le cueste trabajo acer-
carse a la gente por temor a perderla, o sea incapaz de
aceptar con amor a personas que se acerquen a él, o quizás
pierda gradualmente interés por la vida y por las personas
en general porque emocionalmente se encuentra aún junto
a la tumba de su madre, negándose a alejarse de allí, y
pidiéndole un amor que ya no puede darle.

Tal vez hayas sido herido profundamente por un amigo. La herida se torna resentimiento que se mantiene la-
tente dentro de ti y se mezcla con el amor auténtico que
sientes por él. Entonces, por alguna razón misteriosa, el
calor se ausenta de tus relaciones con él.

Tal vez cuando eras niño, algo te asustó dejándote un
recuerdo desagradable y la propensión al temor y la ansiedad cuando en la actualidad tienes que enfrentarte a una
situación similar.

O tal vez llevas aún a cuestas un sentimiento de culpabilidad del que no puedes desprenderte y que no sirve
a ningún fin válido.

Ayuda mucho retornar a los acontecimientos que han
producido esos sentimientos negativos para purificarlos de

cualquier efecto dañoso que han producido en ti hasta el momento presente.

Vuelve a alguna escena del pasado en la que sentiste dolor o aflicción o daño o temor o amargura... Revive el acontecimiento... Pero esta vez busca y trata de encontrar la presencia del Señor en ese acontecimiento... ¿En qué forma se hace el Señor presente en ese hecho?...

O imagina que el Señor en persona toma parte en esa escena... ¿Qué papel representa?... Habla con él. Y pregúntale la significación de lo que está ocurriendo... Escucha lo que responde...

Es muy útil volver con la imaginación al acontecimiento una y otra vez hasta que logres liberarte de los sentimientos negativos que había producido en ti. Hasta que seas capaz de desprenderte de algo que te produce daño, de perdonar a quien te hizo sufrir, hasta poder mirar de frente a lo que en otro tiempo te producía miedo... Hasta que seas capaz de re-vivir el acontecimiento en paz. Incluso, quizás, con sentimientos de gozo y de gratitud.

Es muy posible que, al revivir estos hechos como te he sugerido, comiences a comprender que el Señor ha intervenido de alguna manera para que se produjera ese acontecimiento... Por ello, es posible que tus resentimientos, tu rabia o tu amargura se vuelvan contra él. Si se produce tal situación, es importante que te enfrentes a esos sentimientos y los manifiestes al Señor sin temor alguno.

El Señor sabe perfectamente lo que sucede en tu corazón y nada consigues encubriendo tus sentimientos. Por el contrario, si expresas con franqueza tus sentimientos —aun cuando tengas que emplear palabras agrias y duras para expresarlos— verás que se despeja la atmósfera y que te sentirás más cerca del Señor. Sería maravilloso que pudieses confiar en él de tal manera, estar de tal manera seguro del amor que te tiene, que pudieras decirle cosas duras también a él. Es significativo que Job, cuando se vio acosado por el sufrimiento, dijese algunas cosas muy duras al Señor mientras que sus compañeros escandalizados le censuraban, le urgían para que no hablase con aspereza sobre el Señor. Pero, cuando finalmente el Señor apareció, liberó a Job de toda culpa y mostró su censura a los amigos de Job, bienintencionados pero insinceros.

Ejercicio 20:
Libérate del resentimiento

Negarse a perdonar a otros por el daño, real o imaginario, que nos han causado es un veneno que afecta nuestra salud —física, emocional y espiritual— a veces de forma muy profunda. Oímos que la gente repite con frecuencia: *«Puedo perdonar, pero no olvidar»* o *«Deseo perdonar pero no puedo»*. En realidad, están diciendo que no quieren perdonar. Quieren mantenerse firmes debido a la satisfacción que experimentan alimentando su resentimiento. No quieren, en manera alguna, que éste desaparezca. Exigen que la otra persona reconozca su culpa, que se defienda, que ofrezca una satisfacción, que sea castigada... como condición para permitir que se desvanezca el resentimiento y para librarse del veneno que corroe su interior.

O quizás desean sinceramente liberarse del resentimiento, pero éste continúa enconándose dentro de ellos porque no han tenido la oportunidad de expresarlo y, así, expulsarlo fuera de su interior. A menudo, un deseo auténtico no substituye la necesidad de echar fuera toda la rabia y resentimiento que anida, al menos, en la imaginación. No es necesario que subraye la importancia esencial de que nuestro corazón esté totalmente libre de cualquier sombra de resentimiento si deseamos progresar en el arte de la contemplación. He aquí una forma sencilla de liberarte de los resentimientos que te atenazan:

Sirve, en primer lugar, para echar fuera de ti el resentimiento. Para ello, imagina que tienes delante de ti a la persona contra la que estás resentido. Háblale de ello, exprésale toda la rabia que le tienes. Hazlo de la manera más viva que puedas. No tengas miramientos a la hora de elegir las palabras. Puede ayudar también algún ejercicio físico, tal como golpear un colchón o una almohada.

Hay muchas personas que coleccionan resentimientos simplemente porque tienen demasiado miedo a ser fuertes. En consecuencia, ejercen sobre sí mismos la firmeza que, dentro de medidas justas, deberían demostrar frente a los demás. La indulgencia y la sumisión, cuando son practicadas por personas que tienen demasiado miedo a hablar con franqueza o a comprometerse con lo que consideran justo, son nada más que caretas de la cobardía.

Después de haber expresado toda tu rabia —pero solamente después— trata de ver la totalidad del incidente que ha producido tu resentimiento. Pero míralo desde el punto de vista de la otra persona. Ponte en su puesto y considera todo el hecho: ¿qué aspecto tiene el incidente cuando lo contemplas a través de los ojos de la otra persona? Trata de comprender que es muy raro que una persona ataque o haga daño a otra deliberadamente. En la mayoría de los casos, aun suponiendo que existiese la voluntad deliberada de dañar, este efecto es el resultado de una insatisfacción enraizada profundamente en la otra persona. Las personas dichosas no son malvadas. Por otra parte, en la mayoría de los casos tú no eres el blanco de los ataques de la otra persona. Ella busca algo (o alguna otra persona) que ha proyectado en ti. Intenta ver si todas estas consideraciones te ayudan a sentir compasión por esa persona en lugar de rabia y resentimiento.

Y si fallan todos estos esfuerzos, es probable que seas de aquellas persona que inconsciente pero activamente coleccionan sentimientos dañinos y resentimientos. Es sorprendente, pero cierto, que algunas personas ponen en marcha situaciones en las que serán menospreciadas y ofendidas; una vez logrado, se enfrascan en los malos sentimientos que pretendían desde hace mucho tiempo. Si quieres evitar esta tendencia perniciosa deberás moderar tus expectativas respecto de las demás personas. En otras palabras: mantén tus expectativas, exprésalas, incluso, a los demás si lo deseas pero déjales completamente libres; recuerda que nadie está obligado en modo alguno a satisfacer tus expectativas en cuanto tuyas. Si actúas así, evitarás tener malos sentimientos cuando no se cumpla lo que esperabas. Muchas personas pasan por la vida haciéndose los mártires cuando entran en contacto con personas de las que implícitamente esperan algo: «Si me amases de verdad, no...» (no me criticarías, me hablarías con amabilidad, recordarías el día de mi cumpleaños, me harías el favor que te pido, etc...). Les resulta muy difícil comprender que todas las expectativas que arrastran nada tienen que ver con el amor auténtico que esperan de las otras personas.

Finalmente, para fortalecer la decisión de dominar tu resentimiento (éste es el secreto: ¿*deseas* de verdad liberarte de él y armonizar con la vida y con tus amistades? ¿Eres de los que se abrazan fuertemente al resentimiento y lamentan no poder liberarse de él?), haz lo siguiente:

> Imagina que ves a Jesús en la cruz... Dedica todo el tiempo que necesites a pintarlo con trazos vivos...
>
> Vete ahora a la escena de tu resentimiento... Contémplala durante un rato...
>
> Retorna a Jesús crucificado y mírale fijamente de nuevo... Alterna entre el suceso que ha originado tu resentimiento y la escena de Jesús en la cruz... hasta que adviertas que el resentimiento huye de ti y sientes la libertad, el gozo y la luz que ocupan el lugar dejado libre por aquél.

No te sorprendas de que, después de algunos momentos, los vuelvas a sentir de nuevo. Trátalos pacientemente. El sacrificio que supone renunciar a sentimientos negativos y ser feliz es demasiado grande para que la mayoría de las personas lo logren al primer intento.

Ejercicio 21:
La silla vacía

Puse en práctica este ejercicio después de escuchar la historia de un sacerdote que fue a visitar a un enfermo a su casa. Advirtió la presencia de un silla vacía junto a la cama y preguntó por su finalidad. El enfermo le respondió: «He colocado a Jesús en esa silla y estaba hablando con él hasta que llegó usted... Durante años me resultó muy difícil hacer oración hasta que un amigo me explicó que orar es hablar con Jesús. Al mismo tiempo me aconsejó que colocase una silla vacía junto a mí, que imaginara a Jesús sentado en ella e intentase hablar con él, escuchar lo que él me contestaba. Desde aquel momento no he tenido dificultades para orar».

Algunos días más tarde, continúa la historia, vino la hija del enfermo a la casa parroquial para informar al sacerdote que su padre había fallecido. Dijo: «Lo dejé solo durante un par de horas. ¡Parecía tan lleno de paz! Cuando volví de nuevo a la habitación lo encontré muerto. Pero noté algo raro: su cabeza no reposaba sobre la almohada de su cama, sino sobre una silla colocada junto a la cama».

Te aconsejo que pongas en práctica inmediatamente este ejercicio aunque te parezca infantil:

Imagina que ves a Jesús sentado muy cerca de ti... Al hacer esto estás poniendo tu imaginación al servicio de la fe: es cierto que Jesús no está aquí, ahora, tal como tú lo imaginas en este momento,

pero es cierto que está aquí, y tu imaginación te
ayuda a hacerte consciente de ello.

Habla con Jesús... Si no hay nadie cerca de ti,
exprésate con voz tierna...

Presta atención a lo que Jesús te responde... o a
lo que te imaginas que dice...

Si no sabes qué decirle a Jesús, cuéntale las cosas que
hiciste ayer y coméntalas con él. Aquí radica la diferencia
entre pensar y orar. Cuando pensamos, generalmente hablamos con nosotros mismos. Cuando oramos, hablamos
con Dios. No te ocupes en imaginar los detalles de su
rostro ni su vestido, etc. Este te llevaría, quizás, a distracciones. Santa Teresa de Avila, que empleaba esta forma de oración, decía que jamás pudo imaginar el rostro
del Señor... Se limitaba a sentir su proximidad como tú
sientes la proximidad de alguien a quien no puedes ver en
una habitación oscura, pero cuya presencia es indudable
para ti.

Este método de oración es uno de los medios más
sencillos para experimentar la presencia de Cristo. Imagina
que Jesús está a tu lado durante cada uno de los momentos
del día. Habla frecuentemente con él en medio de tus
ocupaciones. En algunos momentos tu voluntad no podrá
más que echarle una mirada, comunicarse con él sin palabras... Santa Teresa, defensora a ultranza de esta forma
de oración, decía que no pasará mucho tiempo hasta que
quien emplea esta forma de oración llegue a experimentar
la unión intensa con el Señor. Algunas personas me preguntan a veces cómo pueden *encontrar* la presencia del
Señor Resucitado en sus vidas. Siempre les sugiero este
camino que acabo de mencionar.

Ejercicio 22:
Contemplación ignaciana

Es una forma de oración imaginativa, recomendada
por san Ignacio de Loyola en sus Ejercicios Espirituales

y empleada frecuentemente por muchos santos. Consiste en escoger una escena de la vida de Cristo y revivirla tomando parte en ella como si ocurriese en el momento presente y tú participases en ese acontecimiento. La manera más eficaz de explicarte cómo se hace es conseguir que tú lo hagas. Para este sencillo ejercicio voy a escoger un pasaje del Evangelio según san Juan:

> «Después de esto, hubo una fiesta de los judíos, y Jesús subió a Jerusalén. Hay en Jerusalén, junto a la Puerta de las Ovejas, una piscina que se llama en hebreo Bezatá con cinco pórticos. En ellos yacían una multitud de enfermos, ciegos, cojos, paralíticos, esperando la agitación del agua. Porque el ángel del Señor bajaba de tiempo en tiempo a la piscina y agitaba el agua; y el primero que se metía después de la agitación del agua quedaba curado de cualquier mal que tuviese. Había allí un hombre que llevaba treinta y ocho años enfermo. Jesús, viéndole tendido y sabiendo que llevaba ya mucho tiempo, le dice: «¿Quieres curarte?» Le responde el enfermo: ¡Señor, no tengo a nadie que me meta en la piscina cuando se agita el agua; y mientras yo voy, otro baja antes que yo! Jesús le dice: *«Levántate, toma tu camilla y anda»*. Y al instante el hombre quedó curado, tomó su camilla y se puso a andar».

Pacifícate interiormente, como preparación para la contemplación, haciendo alguno de los ejercicios de conscienciación...

Ahora imagina la piscina llamada Bezatá... los cinco pórticos... la piscina... los alrededores... Toma el tiempo necesario para imaginar la puesta en escena lo más vivamente que puedas, *imagínate a ti mismo viendo el lugar*... ¿Qué clase de lugar es? ¿Limpio o sucio? ¿Grande o pequeño?... Observa su arquitectura... Nota el clima...

Una vez preparada la composición, haz que toda la escena se llene de vida: contempla las personas

que están junto a la piscina... ¿Hay muchas personas?... ¿Qué clase de gente son?... ¿Cómo van ves-
tidas?... ¿Qué hacen?... ¿Qué tipo de enfermedad
padecen?... ¿Qué dicen?... ¿Qué hacen?...

No basta con que observes la escena desde fuera,
como si se tratase de una película o de una obra de
teatro... Es necesario que participes en ella... ¿Qué
haces tú dentro de la escena?... ¿Por qué has venido
a este lugar?... ¿Qué sientes cuando lo contemplas
y ves a estas personas?... ¿Qué haces?... ¿Hablas
con alguien?... ¿Con quién?...

Fíjate ahora en el enfermo del que habla el evangelio... ¿Dónde se halla situado entre la multitud?...
¿Cómo va vestido?... ¿Está alguien con él?... Acércate y charla con él... ¿Qué le dices o qué le preguntas?... ¿Qué te responde él?... Dedica algún
tiempo a recoger el mayor número de detalles sobre
su vida y persona... ¿Qué impresión te produce?...
¿Qué sentimientos tienes cuando hablas con él?...

Cuando estás hablando con él, observas por el
rabillo del ojo que Jesús ha entrado en este lugar...

Mira todas sus acciones y movimientos... ¿A
dónde se dirige?... ¿Cómo se comporta?... ¿Cuáles
crees que son sus sentimientos?...

Camina hacia ti y hacia el hombre enfermo...
¿Qué sientes en estos momentos?... Te retiras cuando comprendes que desea hablar con el enfermo...
¿Qué dice Jesús a ese hombre?... ¿Qué le responde
el enfermo?... Escucha con atención el diálogo completo ——introdúcelo en la narración incompleta del
evangelio... Detente especialmente en la pregunta
de Jesús: «¿Quieres curarte?»... Presta ahora atención a la orden de Jesús cuando dice al enfermo que
se levante y ande... la primera reacción del enfermo... su intento de levantarse... ¡el milagro!... Observa la reacción del hombre... observa las reacciones de Jesús... y las tuyas propias...

Ahora Jesús se vuelve hacia ti... Entra en conversación contigo... Háblale del milagro que acaba de realizarse...
¿Sufres de alguna enfermedad?... ¿física, emocional, espiritual?... Habla de ella con Jesús... ¿Qué tiene que decirte Jesús?... Escucha lo que te responde: «¿No quieres curarte?» ¿Te das cuenta de lo que significa realmente pedir que te cure? ¿Estás dispuesto a cargar con todas las consecuencias que derivan de una curación?... Acabas de llegar a un momento de gracia... ¿Tienes fe en que Jesús puede curarte y de que quiere curarte?... ¿Tienes confianza de que así será como resultado de la fe de todo el grupo que está reunido aquí?... En tal caso, escucha las palabras poderosas que él pronuncia sobre ti para sanarte o cómo coloca sus manos en ti... ¿Qué sientes?... ¿Estás cierto de que las palabras que has escuchado tendrán un efecto sobre ti, que de hecho han producido ya ese efecto aun cuando tú no percibas nada tangible en este momento?... Pasa un rato de oración sosegada en compañía de Jesús...

No te desanimes si los primeros intentos de este tipo de contemplación no son coronados por el éxito o no te satisfacen como desearías. Sin duda, tendrás mejores resultados en sucesivas veces. Cuando dirijo esta contemplación en grupo, invito a los miembros del mismo a compartir lo que han experimentado. A veces, incluso, colocamos las manos sobre uno de ellos y oramos por él en nombre de Jesús.

Este tipo de contemplación presenta dificultades teóricas a ciertas personas. Encuentran arduo el sumergirse en un ejercicio que es totalmente *irreal*. Tienen dificultades especiales con pasajes como el que he seleccionado o con las narraciones de la infancia. No comprenden la significación simbólica profunda (no equivale a *irreal*) que encierran estas contemplaciones. Están tan enamoradas de la verdad de la historia que pierden la verdad del misterio.

La verdad para ellos está sólo en la historia, no en la mística.

Cuando Francisco de Asís descolgaba amorosamente a Jesús de la cruz, sabía de sobra que Jesús no estaba muerto ni colgado de la cruz, que la crucifixión era un hecho que pertenecía al pasado. Cuando Antonio de Padua tomaba al niño Jesús en sus brazos y disfrutaba en su compañía, sabía perfectamente —era doctor de la Iglesia— que Jesús no era un niño al que se pudiese tener en brazos. A pesar de todo, estos grandes santos y otras muchas personas practicaron esa forma de contemplación y, bajo esas figuras y fantasías que ellos revivieron, acaeció algo profundo y misterioso dentro de sus corazones; consiguieron unirse íntimamente con Dios en Cristo.

Teresa de Jesús dirá que su forma favorita de meditación es estar junto a Cristo mientras padece su agonía en el huerto. Ignacio de Loyola invitará a sus ejercitantes a convertirse en sirvientes amorosos y acompañar a María y José en su viaje a Belén, servirles y conversar con ellos y sacar provecho de este trato. No le preocupa la precisión geográfica; aun cuando él mismo visitó los Santos Lugares y podría haber ofrecido una descripción detallada de Belén y de Nazaret, invita al ejercitante a que invente su propio Belén, su propio Nazaret, el camino que lleva a Belén, la cueva en la que nació Cristo, etc... A todas luces, no le preocupaba en absoluto la precisión histórica en el sentido en que la entendemos hoy. De seguro que la historia de las formas y los hallazgos modernos en el campo de la Sagrada Escritura no le habrían apartado de esa forma de contemplación.

Es preciso emprender estas contemplaciones con una actitud de fe, actitud admirablemente descrita en una historia favorita del piadoso místico hindú Ramakrishna y de su discípulo Vivekananda. Es la historia de un muchacho pobre que tiene que desplazarse a la escuela de una aldea vecina. Ha de ir por la mañanita, cuando aún es de noche, y regresar por la tarde cuando se echa la oscuridad. Para llegar a la escuela tiene que cruzar el bosque, siente miedo

de ir solo y pide a su madre viuda que le dé un criado
para que le acompañe. Su madre le responde: «Hijo, somos
demasiado pobres para contratar los servicios de un criado.
Pide a tu hermano Krishna que te acompañe cuando vas
a la escuela y cuando vuelves de ella. El es el Señor de
la jungla. Seguro que te acompaña si se lo pides».

Eso es lo que hizo el muchacho. Al día siguiente llamó
a su hermano Krishna y, cuando éste se presentó y supo
lo que quería, respondió afirmativamente. De esta forma
todo marchó bien durante algún tiempo.

Llegó el día del cumpleaños del maestro de la escuela.
Todos los niños deberían traer regalos para el maestro. La
viuda dijo a su hijo: «Nosotros somos demasiado pobres
para ofrecer un regalo a tu maestro. Pide a tu hermano
Krishna que te regale algo para él». Krishna hizo lo que
el muchacho le pidió. Regaló al muchacho un jarro lleno
de leche. El niño colocó orgulloso su regalo junto a los
que sus compañeros de escuela habían traído. El maestro
ignoró el regalo. Al cabo de algún rato, el niño comenzó
a lamentarse: «Nadie presta atención a mi regalo… A nadie
parece gustarle…». El maestro dijo a su criado: «¡Por
todos los santos, vacía la leche en un barreño y devuelve
al niño su jarra. De lo contrario no tendremos paz!»

El criado vació la leche en un recipiente y estaba a
punto de devolver el jarro cuando observó, con sorpresa,
que estaba lleno de leche. Lo vació de nuevo y automá-
ticamente se llenó de nuevo hasta los bordes. Cuando se
enteró el maestro de lo que sucedía preguntó al muchacho
dónde había adquirido aquel jarro de leche. «El hermano
Krishna me lo ha dado», respondió. «¿El hermano Krishna? ¿Quién es?» «Es el Señor de la jungla», respondió
solemnemente el muchacho. Me acompaña cuando vengo
a la escuela y al volver a mi casa». «¡Está bien!», le
respondió el maestro sin dar crédito a sus palabras. «Nos
gustaría ver a ese Krishna del que hablas. Llévanos a él».

El muchacho volvió a la jungla a la cabeza de un
pequeño grupo de personas, el maestro de la escuela, su
criado y los restantes muchachos de la clase. Se sentía

FANTASIA   95

entusiasmado ante la idea de presentar a cada uno de ellos
a su maravilloso hermano Krishna. Cuando llegaron al
borde de la jungla en la que cada día se encontraba con
Krishna comenzó a llamarlo, seguro de que vendría como
siempre... Pero no recibió respuesta alguna. Volvió a llamarlo otra vez; y otra. Con voz más fuerte; aún más fuerte.
Nada... Sus compañeros se burlaban y reían de él. El niño
rompió a llorar. ¿Qué habría pasado?

«¡Hermano Krishna», gritó entre lágrimas, «ven, por
favor!». Si no vienes, dirán que soy un embustero. No
me creerán. Hubo un momento de silencio. Después es-
cuchó la voz de Krishna que le decía: «Hijo, no puedo
presentarme. El día que tu maestro tenga tu pureza de
corazón y tu sencilla fe infantil me haré presente».

Lo primero que me vino a la mente cuando escuché
esta historia fueron las apariciones del Señor Resucitado.
El se apareció sólo a los que tenían fe en él. Podía ser
visto únicamente por los que creían en él. El dice: «Creed
y veréis». Nosotros respondemos: «Pero entonces, ¿qué
prueba tendré de que mi fe no ha "producido" la visión?»
Para él carece de importancia esa pregunta. No está interesado en las «pruebas». Cree y después conocerás. Es
como decir a alguien: «¡Amame y después verás mi hermosura!».

Este es el espíritu con que debemos abordar las contemplaciones ignacianas. Cuando nos hayamos zambullido
en ellas sabremos que, mediante el empleo sencillo de
nuestra fe infantil, hemos alcanzado una verdad que nada
tiene que ver con la fantasía, la verdad del misterio, la
verdad de los místicos.

Ejercicio 23:
Fantasías simbólicas

En algún sentido, todas las contemplaciones imagi-
nativas son simbólicas. Pero las contemplaciones imagi-
nativas que Ignacio propone se basan en algún dato his-

tórico que no se asemeja a lo que te propongo a continuación:

Imagina que te encuentras en la cima de una montaña desde la que se divisa una gran ciudad. Es al anochecer. Se ha puesto el sol y ves que comienzan a encenderse las luces en la gran ciudad... Contemplas cómo aumenta su número hasta que la ciudad entera parece un lago de luz... Tú estás sentado aquí solo, gozando del maravilloso espectáculo... ¿Qué sientes en estos momentos?...

Cuando ha pasado un rato oyes unos pasos detrás de ti; sabes que son los de un hombre piadoso que vive por aquellos parajes, de un eremita. Se acerca hasta ti y se coloca a tu lado. Te mira lentamente y te dice únicamente una frase: «Si desciendes a la ciudad esta noche encontrarás a Dios». Después da media vuelta y se aleja. No hay explicaciones. Ni tiempo para hacer preguntas...

Tú tienes el convencimiento de que esta persona sabe lo que dice. ¿Qué sientes en estos momentos? ¿Te sientes inclinado a aceptar lo que te ha dicho y bajar a la ciudad? ¿O preferirías permanecer donde estás?

No importa cuál pueda ser tu inclinación; baja ahora mismo a la ciudad para buscar a Dios... ¿Qué sientes cuando desciendes por la pendiente?...

Has llegado a los arrabales de la ciudad y es el momento de decir adónde vas a ir a buscar a Dios y encontrarlo...

¿Adónde decides ir? Por favor, sigue los dictados de tu corazón a la hora de decidirte por un lugar al que ir. No te dejes llevar por lo que piensas que deberías hacer ni vayas adonde creas que deberías ir. Vete adonde tu corazón te dice que vayas...

¿Qué te sucede cuando llegas a ese lugar?... ¿Qué encuentras allí?... ¿Qué haces allí?... ¿Qué te sucede?... ¿Encuentras a Dios?... ¿De qué mane-

ra?... ¿O te sientes decepcionado?... ¿Qué haces
entonces?... ¿Decides ir a alguna otra parte?...
¿Adónde? O ¿decides permanecer allí donde te encuentras?...

Cambia ahora de fantasía. Prescindiendo de que
hayas encontrado a Dios o no, escoge un símbolo
de Dios: algo que para ti simbolice a Dios del mejor
modo posible: el rostro de un niño, una estrella, una
flor, un lago tranquilo... ¿Qué símbolo has escogido?... Toma tiempo para hacer la elección...

Cuando hayas escogido el símbolo, colócate de
pie, reverentemente, ante él... ¿Qué sientes cuando
miras fijamente este símbolo?... Dile algo...

Ahora imagina que te responde... ¿Qué es lo que
dice?... Conviértete ahora en ese símbolo... y, una
vez te has convertido en él, mírate a ti, que sigues
de pie, reverentemente... ¿Qué sientes cuando te ves
desde el punto de vista y actitud de este símbolo?...

Vuelve ahora a ti mismo, de pie junto o frente
al símbolo... Permanece durante algunos momentos
en contemplación silenciosa... Después despídete de
tu símbolo... Emplea un minuto o dos en la despedida, abre los ojos y pon fin al ejercicio.

Generalmente, cuando finaliza este ejercicio, suelo in-
vitar a los miembros del grupo a compartir con los demás
lo que han experimentado durante la fantasía. Con frecuencia realizan descubrimientos sorprendentes acerca de
sí mismos, de Dios, de su relación con él.

Voy a presentar a continuación otra fantasía simbólica:

Se ha encargado a un escultor que haga una escultura tuya. La estatua está lista y tú pasas por el
taller del escultor para echarla un vistazo antes de
que aparezca en público. El escultor te da la llave
del lugar donde se encuentra la estatua. Puedes, de
esta manera, contemplarla sin que nadie te moleste
y examinarla durante todo el tiempo que te apetezca.

Abres la puerta... El taller está oscuro... Allí, en medio, se levanta tu escultura, cubierta con una sábana... Te acercas hasta ella y retiras la sábana...

Te retiras unos pasos y la contemplas. ¿Cuál es tu primera impresión?... ¿Te sientes satisfecho o descontento?... Observa todos los detalles de tu estatua... Su tamaño... los materiales con los que ha sido hecha... Da vueltas alrededor de ella... mírala desde diferentes ángulos... Obsérvala desde lejos, acércate y mira los detalles... Toca la estatua... observa si es suave o tosca... fría o caliente al tacto... ¿Cuál es la parte de la estatua que más te gusta?... ¿Cuál te desagrada?...

Di algo a la estatua... ¿Qué te responde?... ¿Qué le dices tú a continuación?... Continúa hablando mientras la estatua o tú tengáis algo que decir...

Ahora conviértete en estatua... ¿Te apetece ser tu estatua?... ¿Qué tipo de existencia llevas como estatua?...

Imagina ahora que, mientras eres tu estatua, entra Jesús en el taller... ¿Qué ve en ti?... ¿Qué sientes mientras él te mira?... ¿Qué te dice?... ¿Qué le respondes tú?... Continúa el diálogo mientras Jesús o tú tengáis algo que decir... Después de un rato Jesús se marcha... Ahora, vuelve a tu ser y mira de nuevo la estatua... ¿Se ha producido algún cambio en la estatua?... ¿Ha cambiado algo en ti o en tus sentimientos?...

Ahora despídete de la estatua... un minuto y después abre los ojos.

Las fantasías o imaginaciones, al igual que los sueños, son instrumentos útiles para aprender sobre ti mismo ya que en ellas proyectas tu verdadero ser. Por esta razón cuando compartes tus fantasías con alguien o con un grupo estás, probablemente, revelando algo más íntimo sobre ti mismo que si manifestases secretos profundos que guardas celosamente para ti solo.

Las fantasías no se limitan a proyectar lo que piensas
de ti mismo. ¡De alguna manera misteriosa logran cam-
biarte! A veces sales de una fantasía dándote cuenta de
que has cambiado... no sabes exactamente cómo ni por
qué, pero el cambio se ha producido... Es posible que en
las dos fantasías que te he propuesto notes que ha cambiado
tu relación con Dios, que se ha profundizado, aunque seas
incapaz de explicar cómo o por qué.

No te des por satisfecho con vivir estas fantasías solamente una vez. Si quieres extraer toda la utilidad que
encierran, debes repetirlas con mucha frecuencia.

Por consiguiente, da alas a tu instinto creativo e inventa
tus propias fantasías simbólicas.

Ejercicio 24:
Curación de recuerdos dolorosos

Este ejercicio es una variante del 19.

Vuelve a algún acontecimiento desagradable de
tu pasado reciente, no importa que sea insignificante.
Revive la experiencia.

Ahora colócate ante Cristo crucificado. No ha-
bles... Limítate a mirar y a contemplar... Si tienes
que comunicar algo, hazlo sin palabras...

Pasa de la escena o acontecimiento desagradable
a la de Jesús crucificado y al revés, durante algunos
minutos...

Después termina el ejercicio...

Ejercicio 25:
El valor de la vida

Imagina que vas al médico para saber los resultados de una exploración que te han hecho. El doctor
ha prometido dártelos a conocer hoy. Las pruebas

podrían revelar alguna enfermedad seria. Percibe lo que sientes mientras vas de camino a la consulta del doctor...

Te encuentras en estos momentos en la sala de espera... observa todos los detalles de la sala... el color de las paredes, los cuadros, el mobiliario... las revistas que hay allí... ¿Hay alguna otra persona esperando al doctor?... Si hay otras personas, fíjate mucho en ellas, sus fisonomías, su atuendo... Advierte lo que sientes mientras esperas ser llamado a la consulta...

En este momento escuchas tu nombre... echa un vistazo a la sala de consulta del doctor... Observa todos los detalles, los muebles... ¿Es la sala amplia o diminuta? Observa bien al doctor, sus rasgos, su manera de vestir... ¿Qué tipo de persona es?...

El comienza a hablarte y tu adviertes que te esconde algo... Pídele que te hable con absoluto sinceridad... Entonces, con gran compasión en sus ojos, te dice que las pruebas han descubierto que padeces una enfermedad incurable... Le preguntas por el tiempo que te queda de vida... Te responde: «Dos meses de vida activa a lo sumo... después un mes o dos en cama»...

¿Qué respondes tú a esto?... ¿qué sientes?... Retén durante unos momentos estos sentimientos... Sal ahora de la consulta del doctor y lánzate a la calle... Continúa viviendo esos sentimientos... Contempla la calle, ¿está muy concurrida o vacía?... ¿Qué tiempo hace? ¿Es un día radiante o nublado?... ¿Hacia dónde te diriges?... ¿Deseas hablar con alguien?... ¿Con quién?...

Quizás vuelves a tu comunidad. (Supongo que eres un religioso o una religiosa. Puede adaptarse fácilmente si se trata de otra clase de personas). ¿Qué vas a decir a tu superior? ¿Deseas que sepan la noticia los miembros restantes de la comunidad?... Tu superior te pregunta qué quieres hacer durante los dos meses de vida activa que te restan... indicándote de forma más o menos abierta que te deja libertad de elección... ¿Qué vas a escoger?... ¿Cómo piensas emplear los dos meses que te quedan?...

En estos momentos te encuentran cenando con la comunidad... en el recreo... ¿Saben ellos lo que te ocurre?... ¿Qué sientes cuando estás en su compañía?...

Vete ahora a tu habitación y escribe una carta a tu provincial explicándole la situación y pidiéndole ser relevado eventualmente de tu trabajo... ¿Qué dices en la carta?... Redáctala mentalmente ahora mismo...

Son altas horas de la noche... Todos los de la comunidad están acostados... Te deslizas hasta la capilla, completamente oscura. Tan sólo luce la luz del Santísimo... Siéntate y mira fijamente el tabernáculo... Mira a Jesús durante unos instantes... ¿Qué le dices?... ¿Qué te responde él?... ¿Qué sentimientos vives en estos momentos?...

Los efectos que produce este ejercicio son demasiado variados como para describirlos y enumerarlos en este momento. Muchas personas disfrutan volviendo a él una y otra vez y siempre que lo hacen sacan mucho provecho.

La mayoría de las personas sacan de este ejercicio un grande aprecio por la vida y enorme amor a la misma... Como consecuencia, se sumergen en ella con mayor profundidad, la disfrutan, la viven, la emplean más intensamente... Muchos se sorprenden al darse cuenta de que no temen la muerte tanto como suponían...

Ocurre con demasiada frecuencia que sólo cuando perdemos algo somos capaces de apreciar su valor. Nadie agradece la vista más que el ciego. Nadie valora y estima tanto la salud como el enfermo. Pero, ¿por qué tenemos que aguardar a perder esas cosas para hacernos capaces de apreciarlas y disfrutar de ellas?

He aquí algunos otros ejercicios para llenar tu vida de agradecimiento y de gozo:

Imagina que el doctor ha examinado tus ojos y está a punto de comunicarte el resultado de sus investigaciones... Haz la escena lo más viva posible, observa los detalles del lugar y personas como en el ejercicio anterior...

El doctor te anuncia en este momento que comienza a fallar tu vista, que la ciencia médica nada puede hacer por salvarla y que, probablemente, quedarás ciego en un plazo de tres o cuatro meses... ¿Qué sentimientos tienes en ese momento?... Eres consciente de que dispones tan sólo de tres o cuatro meses para imprimir en tu memoria imágenes visuales que no volverás a ver... ¿Qué cosas te interesa especialmente ver antes de quedarte ciego?... Observa cómo miras ahora cosas que sabes no verás más puesto que pronto te quedarás ciego para siempre...

Imagina ahora que te has quedado realmente ciego...

¿Qué tipo de vida llevas como ciego?... Dedica tiempo a penetrar en todas tus disposiciones y sentimientos... Con la imaginación recorre un día de tu vida de ciego, desde el momento en que te levantas y te lavas por la mañana hasta el momento de acostarte por la noche... Come... «lee» libros, habla con la gente... sal a pasear... como ciego...

Ahora abre los ojos y comprueba que puedes ver... ¿Qué sientes?... ¿Qué le dices al Señor?...

Las mejores cosas de la vida están disponibles. Cosas tales como la vista, la salud, el amor, la libertad y la vida misma. Lo malo es que nosotros no disfrutamos de ellas. Estamos demasiado preocupados en pensar que no tenemos suficientes cosas de las secundarias, dinero, buenos trajes y fama. Recuerdo que en cierta ocasión, en un viaje de vuelta en avión, me hallaba irritado porque llegábamos con retraso. Sucedió que al llegar al aeropuerto, el avión comenzó a sobrevolarlo durante una media hora —au-

mentando de esta manera nuestro retraso— a causa de lo
que dieron en llamar «dificultades técnicas»... Fue media
hora llena de suspense y de ansiedad. Puedes imaginar el
respiro que sentimos al aterrizar. ¿Qué había sucedido con
la irritación que yo había experimentado porque llegábamos con retraso? No quedaba ni rastro de ella. Estábamos
llenos de gozo por haber aterrizado sanos y salvos... Llegar
con retraso no tenía importancia. Fue preciso que sintiésemos la posibilidad de un accidente serio para que nos
diéramos cuenta de ello.

Leí en cierta ocasión el relato de un prisionero nazi
que escribía a su casa lleno de gozo porque había sido
trasladado de una celda con las cuatro paredes desnudas
a otra en la que había un orificio por el que podía contemplar un retazo del firmamento azul por la mañana y
algunas estrellas por la noche. Para él esto constituía un
inmenso tesoro. Cuando terminé de leer la carta eché un
vistazo desde mi ventana al amplio espacio del firmamento... Yo era un millón de veces más rico que aquel
pobre prisionero pero no había sido capaz de gozar de mi
riqueza. No había gozado nada de ella.

Piensa lo que supone la vida para un prisionero, para
un internado en un campo de concentración... y cuando
has penetrado realmente en su vida y en sus sentimientos,
toma un autobús que recorra toda la ciudad, goza de todo
lo que puedas contemplar y saborea tu libertad.

Te presento a continuación otro ejercicio de este mismo
tipo. Puedes inventar otros de naturaleza similar, de manera que tu corazón pueda sentirse inundado de agradecimiento a Dios por todas las cosas encantadoras que posees.

     Imagina que te encuentras en un hospital; estás
paralítico... Quizá te ayude tumbarte en el pavimento si estás en grupo o en tu cama si estás solo
mientras realizas este ejercicio. Imagina que eres
incapaz de mover un solo miembro de tu cuerpo...
Con la imaginación recorre tu vida a lo largo de un

día entero como paralítico. ¿Qué haces durante todo el día?... ¿Qué piensas?... ¿Qué sientes?... ¿En qué te entretienes?...

En esta situación, hazte consciente de que aún puedes ver... Siente agradecimiento por esta circunstancia... Percibe, después, que puedes oír... Agradece también esta posibilidad... Después, que puedes pensar con lucidez... que puedes hablar y expresarte... que posees el sentido del gusto, fuente de placer para ti... Agradece cada uno de estos dones que Dios te concede... Comprende lo rico que eres a pesar de tu parálisis...

Imagina ahora que, pasado algún tiempo, comienzas a responder al tratamiento y que puedes mover el cuello. Con dolor al principio, con mayor facilidad después, puedes girar tu cabeza de un lado para otro... se te ofrece un área de visión más amplia. Puedes ahora mirar de una punta a la otra de tu habitación sin necesidad de que otra persona tenga que moverte... Advierte el agradecimiento que sientes también por esta circunstancia... Ahora vuelve a tu existencia presente y advierte que no te encuentras paralítico. Mueve tus dedos despacio, y hazte cargo de que tienes vida y movimiento. Menea los dedos de tu pies... mueve tus brazos y piernas... Pronuncia una oración de acción de gracias a Dios por cada uno de estos miembros...

El día en que seas capaz de sentir agradecimiento por cada una de las nimiedades de tu vida, por el tren que se mueve, por el agua que corre del grifo cuando lo abres, por la luz que aparece cuando pulsas un botón, por las sábanas limpias de tu cama... tu corazón se llenará de contento y de gozo continuo. Si quieres estar siempre contento, mantén una postura continua de agradecimiento.

Intenta este ejercicio dentro del área de las relaciones humanas. Cuando te sientas ofendido por un amigo o por alguien de tu familia, dedica algún tiempo a imaginar que esa persona es peor de lo que pensabas, que tiene muchos más defectos de los que habías visto en ella... A continuación, advierte todas las cosas buenas que tiene... Probablemente le apreciarás más, le estarás más agradecido y te resultará muchísimo más fácil *perdonarle*.

Ejercicio 26:
Ver la vida en perspectiva

Este ejercicio es una variante del anterior sobre el valor de la vida:

Como continuación del ejercicio anterior imagina que, después de los dos meses de vida activa que te anunció el doctor, te encuentras postrado en la cama... ¿Dónde te encuentras?... Observa cuidadosamente tu alrededor... ¿Qué clase de vida haces ahora?... ¿Qué haces durante todo el día?...

Imagina que ha anochecido y que te has quedado solo... No sabes cuántos días te quedan de vida... ¿Qué sientes cuando piensas que son muy pocos?... ¿que dentro de muy poco tiempo perderás la capacidad de actividad?...

En medio de la soledad que ahora te envuelve echa una mirada retrosprectiva a tu vida... Recuerda algunos de los momentos felices de ella...

Recuerda también algunos de los momentos tristes... ¿qué sientes ahora al ver de nuevo aquellos sucesos que te causaron dolor y aflicción?...

Recuerda alguna de las decisiones importantes que tomaste en tu vida, que te afectaron a ti o a otras personas. ¿Lamentas haber tomado esas decisiones o te alegras de haber actuado así? ¿Sientes que deberías haber tomado alguna otra decisión que, de hecho, no tomaste?...

Dedica ahora unos diez minutos a pensar en algunas de las personas que han tenido especial importancia en tu vida... ¿Qué rostros aparecen primero en tu memoria?... ¿Qué sientes cuando piensas en cada una de esas personas?...

Si se te concediese la oportunidad de vivir por segunda vez, ¿la aceptarías?... ¿Pondrías alguna condición para aceptarla?... Si tuvieses que dar un pequeño consejo a tus amigos o pronunciar una frase de despedida, ¿qué dirías?...

Pasados algunos momentos retorna a Cristo. Imagina que se encuentra junto a ti y habla con él...

Te presento otro ejercicio relacionado con tu muerte:

Jesús conocía perfectamente el momento y la hora de su muerte; de ahí que planease con todo cuidado y detalle las últimas horas de su vida. Decidió pasarlas con sus amigos en una cena de despedida y después con su Padre, orando antes de que lo arrestasen...

Si tuvieses tú la oportunidad de poder planificar las últimas horas de tu vida, ¿en qué las emplearías? ¿desearías permanecer solo o acompañado? Si deseas que estén junto a ti otras personas, ¿cuáles desearías?

En la Ultima Cena, Jesús dirigió a su Padre una oración final. ¿Cuál es la última oración que deseas hacer a Dios?

Uno de los mayores beneficios que se obtienen de estas fantasías sobre la muerte es, además del aprecio más intenso de la vida, el sentido de urgencia que adquirimos. Un escritor oriental asemeja la muerte a un cazador escondido detrás de la maleza y apuntando a un pato que nada plácidamente en el lago, totalmente ajeno al peligro que se cierne sobre él. La meta de estas fantasías o imaginaciones no es el miedo, sino ayudarte a evitar el despilfarro en tu vida.

Ejercicio 27:
Diciendo adiós a tu cuerpo

Imagina ahora que te has despedido de todo el mundo antes de tu muerte y que te quedan una o dos horas de vida. Has reservado estos momentos para ti y para Dios...

Comienza, pues, hablando contigo mismo. Habla con cada uno de los miembros de tu cuerpo: con tus manos, con tus pies, con tu corazón, con tu cerebro, con los pulmones... Da a cada uno de ellos el adiós definitivo... Quizá los adviertes ahora por primera vez en tu vida, justamente cuando vas a morir.

Ama cada uno de tus miembros. Toma tu mano derecha, por ejemplo... Dile lo útil que es para ti... todo lo que la aprecias... Agradécele todos los servicios que te ha prestado... Dale todo tu amor y agradecimiento ahora que se aproxima el momento de volver al polvo... Repite este comportamiento con cada uno de los miembros de tu cuerpo y con sus órganos; despídete después de tu cuerpo como un todo, con su forma y apariencia especial, con su color, altura y rasgos.

Imagina ahora que ves a Jesús que se encuentra a tu lado. Escucha cómo agradece él a cada uno de tus miembros el servicio que te han prestado durante tu vida... Siente cómo inunda todo tu cuerpo con su amor y con su agradecimiento...

Escucha cómo habla ahora contigo...

Este ejercicio es de suma utilidad para alcanzar un amor saludable a sí mismo y para aceptarse, condiciones ambas totalmente necesarias para abrir plenamente nuestros corazones a Dios y a los demás.

Ejercicio 28:
Tu funeral

Este ejercicio pretende reforzar los efectos del anterior, comunicarte mayor amor y aprecio de ti.

Imagina que ves tu cuerpo dentro del ataúd al ser llevado a una iglesia para celebrar la exequias... Echa un vistazo a tu cuerpo, especialmente a la expresión de tu rostro... Mira ahora a todas las personas que han venido a tu funeral... Recorre lentamente cada uno de los bancos de la iglesia y observa los rostros de las personas que se sientan en ellos... Detente en cada una de las personas y mira lo que están pensando, lo que sienten...

Escucha ahora el sermón que están pronunciando, ¿Quién es el predicador?... ¿Qué dice de ti?... ¿Puedes aceptar todas las cosas buenas que te está atribuyendo?... Si no puedes, observa qué tipo de reservas tienes para aceptar lo que dice el predicador... ¿Cuál de las cosas buenas que dice de ti estarías dispuesto a aceptar? ¿Qué sientes cuando le oyes hablar?...

Mira de nuevo los rostros de tus amigos que han venido para asistir a tu funeral... Imagina todas las cosas buenas que dirán de ti cuando vuelvan a sus casas después de tu funeral... ¿Qué sientes en estos momentos?...

¿Desearías decir algo a cada uno de los asistentes antes de que vuelvan a sus casas?... ¿Alguna despedida final en respuesta a lo que piensan y sienten sobre ti, respuesta que ellos no pueden escuchar en estos momentos?... Pronúnciala, a pesar de todo, y ve la sensación que produce en ti...

Imagina que ha finalizado el funeral. Con tu imaginación colócate sobre la tumba en la que reposa

tu cuerpo, observando a tus amigos cuando aban-
donan el cementerio. ¿Cuáles son tus sentimientos
en estos momentos?... Ahora que estás aquí, echa
una mirada retrospectiva a tu vida y a tus experiencias... ¿Han merecido todas la pena?...

Hazte consciente ahora de tu existencia aquí, en
la habitación, y advierte que aún estás vivo y dispones de algún tiempo... Piensa ahora en esos mismos amigos tuyos desde tu punto de vista actual.
¿Los ves de manera distinta o tienes otros sentimientos respecto a ellos como consecuencia de este
ejercicio?...

Ejercicio 29:
Fantasía sobre el cadáver

Tomo este ejercicio de la serie budista *meditaciones
de la realidad.* Si te causa repugnancia a primera vista y
te sientes empujado a no intentarlo, quiero que sepas que
esta meditación trata de ofrecerte los dones de la paz y
del gozo y ayudarte a vivir la vida con mayor profundidad.
Esta ha sido la experiencia de muchas personas. Quizá sea
también la tuya.

Para este ejercicio imagina con la mayor viveza
posible tu cadáver y contémplalo con tu imaginación
cuando pasa a través de los nueve estadios de descomposición. Dedica aproximadamente un minuto a
cada estadio.

Son éstos: 1. El cadáver está frío y rígido; 2. Se
torna azulado; 3. Aparecen grietas en la carne;
4. La descomposición se advierte en algunas partes;
5. Todo el cuerpo está en descomposición completa;
6. Queda totalmente a la vista el esqueleto, del que
cuelgan algunos trozos de carne; 7. El esqueleto

totalmente limpio de carne; 8. Todo lo que ahora existe es un montón de huesos; 9. Los huesos han quedado reducidos a un puñado de polvo.

Ejercicio 30:
Consciencia del pasado

En este ejercicio se trata de que veas tu día completo como en una película. Supongamos que realizas este ejercicio por la noche: pasa la película del día, en sentido inverso, de atrás hacia adelante, una escena en cada momento, hasta que llegues a la primera escena de la mañana, el primer instante de tu despertar.

Por ejemplo, ¿qué es lo último que has hecho antes de comenzar con este ejercicio? Entraste en esta habitación, te sentaste en la silla y te acondicionaste para hacer la oración. Esta será la escena que aparecerá en primer lugar a tu contemplación. ¿Qué pasó antes de esto? Que entraste en la habitación. Esta será la segunda escena. ¿Y antes de eso? Te paraste a charlar con un amigo cuando venías a casa. Esta será la tercera escena...

Toma una escena por separado, una unidad de acciones y observa todo lo que haces, piensas, sientes en ella. No trates de revivir la escena. A diferencia de los ejercicios anteriores sobre la fantasía, no tienes que tomar parte en estos acontecimientos, como si se realizasen de nuevo. Limítate simplemente a observarlos como espectador. Míralos de forma distanciada, como lo haría un observador neutral.

Ante todo, dedica algún tiempo a pacificarte, ya que este ejercicio requiere gran quietud interior... Realiza uno de los ejercicios de conscienciación para lograrlo y sitúate en el momento presente...

Comienza ahora a pasar el filme, retrocediendo a cada uno de los acontecimientos del día... Dedica todo el tiempo que sea preciso para observar con detalle cada uno de los acontecimientos... Fíjate especialmente en el protagonista, en ti mismo... Cómo actúa, lo que piensa, cuáles son sus sentimientos...

Es muy importante que, mientras observas esos acontecimientos, adoptes una actitud neutral; es decir, que no condenes ni apruebes lo que estás viendo... Limítate a observar. No juzgues. No evalúes.

Si te distraes cuando realizas el ejercicio intenta descubrir la fuente de la distracción tan pronto como caigas en la cuenta de que estás distraído. En otras palabras, supón que te encuentras pensando en la próxima comida. Pregúntate cómo has venido a parar a este tema. ¿Cuál fue el pensamiento que precedió inmediatamente a éste de la comida? ¿Y el anterior a aquél? ¿Y el anterior?... Así hasta que llegues al punto en te apartaste de tu tarea de pasar hacia atrás la película.

Sigue con este ejercicio hasta que logres llegar al primer momento del día, tu despertar...

Es extremadamente difícil realizar con éxito este ejercicio. Exige un grado intenso de calma y gran dominio del arte de la concentración. Este tipo de concentración es accesible tan sólo a los que se hallan profundamente en paz consigo mismos y han conseguido que esa paz invada su mente y las restantes facultades. Por consiguiente, no te desanimes si compruebas que tus primeros ejercicios van acompañados de muchos fallos. El simple intento te producirá un gran bien y, probablemente, sacarás enorme provecho de observar una o dos escenas. Los maestros orientales que proponen este ejercicio afirman que quienes lo dominan (y, por consiguiente, dominan su mente para ser capaces de realizarlo con éxito) son capaces de recordar con perfecta claridad no sólo las escenas del día que termina, sino cada una de las acaecidas en la semana última, del mes, del año y de los años hasta llegar al momento de su nacimiento.

Si compruebas que el intento de descubrir la fuente de las distracciones es en sí una gran distracción, déjalo y, cuando caigas en la cuenta de que estás distraído, vuelve a la última escena que contemplabas antes de la distracción. El intento de retrotraer las distracciones a su origen plantea quizá excesivas dificultades al comienzo.

La indicación hecha de no aprobar ni condenar se basa en la enseñanza de algunos maestros orientales. Según ellos, ni la aprobación ni la condenación son necesarias para cambiar nuestras vidas y conductas. Emplear la fuerza de voluntad para hacer un propósito o el autocastigo que se incluye en la condena puede provocar una resistencia interior; te verías envuelto innecesariamente en un conflicto interno ya que la acción produce una reacción similar y opuesta.

Este peligro lo evita la autoconsciencia. El postulado afirma que ella se basta para curar sin necesidad de juicios ni propósitos. La sola consciencia hará morir todo lo insano y crecer todo lo bueno y santo. Es parecido al sol, que da vida a las plantas y mata los gérmenes. No es preciso que emplees tus músculos espirituales para lograrlo. Haz la calma y la paz dentro de ti. Sé lo más plenamente consciente que puedas. Se trata —no lo olvides— de un postulado. Cuando te hayas familiarizado con el poder de la autoconsciencia, dejará de ser un postulado y se convertirá en acervo de tu experiencia personal.

Ahora puedes avanzar un paso más en tu ejercicio:

> Pasa de nuevo la película y observa cada uno de los hechos, uno por uno... Cuando hayas revisado una serie de acontecimientos, escoge uno de ellos, el que consideres más significativo, y obsérvalo con todo detalle...
>
> Cada gesto, cada palabra, cada sentimiento, cada pensamiento, cada reacción dice algo acerca de ti. Advierte lo que dice... No analices. Limítate a *mirar*.

Y por último: Repite el ejercicio anterior, fiján-
dote en uno de los acontecimientos con todo detalle...

Cristo estaba en el acontecimiento. ¿Dónde estaba? ¿Puedes observarlo actuando en él? ¿Cómo
actúa?...

Ejercicio 31:
Consciencia del futuro

Este ejercicio es una variación del anterior. Cambia
únicamente la materia sobre la que versa. Aquí atendemos
a los acontecimientos futuros, no a los pasados. Este ejercicio es más adecuado para las mañanas, el anterior lo era
para las noches.

Arrancando del momento presente, recorre los
acontecimientos del día que tienes ante ti, acontecimientos que puedan suceder con alguna probabilidad... Naturalmente, no puedes estar seguro de que
sucedan, pero selecciona aquellos que, probablemente, ocurrirán: una entrevista con alguien, las co-
midas, tu tiempo de oración, la ida al trabajo y el
regreso de él...

Observa cada uno de estos acontecimientos tal
como ocurrirán probablemente... No intentes corre-
girlos o cambiarlos. Limítate a mirar. Confórmate
con observar...

Siguiente paso: Recorre, una vez más, cada uno
de esos acontecimientos y mira tu comportamiento
(pensamientos, sentimientos, reacciones) ideal, tal
como querrías que fuese... Por favor, ¡no tomes
resolución alguna! Limítate a verte con la imaginación tal como desearías comportarte...

Mira, después, esos acontecimientos tal como te
gustaría que fuesen...

Paso final: Vuelve a cada uno de esos acontecimientos... Encuentra a Cristo y su acción en cada uno de ellos...

Retorna al momento presente y termina el ejercicio con una oración a Cristo, presente en ti en este momento...

Otra variante:

Piensa por un momento que eres una manifestación de Dios al mundo. Dios se aparece a todas las personas que encuentres a lo largo del día. Se esconde en tu forma y figura...

Ahora recorre los acontecimientos futuros y mira esta manifestación de Dios en acción... ¡No condenes ni juzgues! Y, sobre todo, no tomes decisión alguna. Limítate a *mirar*. Confórmate con ver los acontecimientos tal como es probable que sucedan. O como quisieras tú que ocurriesen...

Ejercicio 32:
Consciencia de las personas

Presento aquí una simple variación de los dos ejercicios anteriores. Se basa en el conocimiento de que Jesucristo, el Señor Resucitado, se hace presente en nuestras vidas de una forma no reconocible en un principio. Esta fue la experiencia de los apóstoles después de la resurrección. Su primera impresión era la de encontrarse con un extraño (en el camino a Emaús, en la orilla del lago de Tiberíades, en la tumba donde se apareció a María Magdalena como jardinero). Sólo más tarde llegaron a reconocerle como quien era.

Este ejercicio quiere ayudarte a que reconozcas al Señor Resucitado en el rostro de cada persona con la que te encuentres en el día de hoy.

> Repite el ejercicio anterior recorriendo algunos
> de los acontecimientos que pueden suceder hoy...
> Detente ahora de manera especial en las personas
> con las que entras en contacto en un día corriente...
> Piensa que cada una de ellas es el Señor Resucitado
> en persona que se te aparece bajo un disfraz...
> Reconoce al Señor en cada una de ellas... Amá-
> lo, adóralo, sírvelo... concibiendo en tu imaginación
> incluso formas de adoración, de servicio y de amor
> que no te permitirías en el ámbito de lo real...
> Al final del ejercicio vuelve al momento presen-
> te... Percíbete de la presencia de Jesús en la habi-
> tación en la que te encuentras... Adóralo... Habla
> con él...

Con este ejercicio cerramos la serie de los dedicados
a nuestra fantasía. La fantasía es un elemento muy valioso
en nuestra vida de oración, al igual que lo es en cualquier
vida emocional sana. Si la empleamos juiciosamente, es
decir, como medio para profundizar nuestra memoria y
nuestro silencio interior y no como medio de entreteni-
miento agradable, nuestra vida de oración se enriquecerá
en gran medida. Sin duda que descubrirás la verdad de
esta afirmación haciendo uso de alguno de estos ejercicios.

Santa Teresa de Ávila, que llegó a alcanzar las cumbres
de la unión mística con Dios, fue defensora acérrima de
la utilización de la imaginación dentro de la oración. Tenía
una mente muy distraída y era incapaz de guardar silencio
interior aunque fuera por unos segundos. Su manera de
orar, nos confiesa la santa, consistía en encerrarse dentro
de sí misma; pero no podía hacerlo a menos que encerrara
simultáneamente consigo miles de vanidades.

Toda su vida agradeció que su mente fuera así; ello le
había obligado a sacar su oración del campo del pensamiento y llevarla al ámbito del afecto y de la imaginación.
Por eso recomienda encendidamente el empleo de las imágenes. Imagina que ves a Jesús en su agonía, en el Huerto,
y consuélale. Imagina que tu corazón es un jardín precioso

y que Jesús pasea en él, entre flores. Imagina que tu alma es un hermoso palacio, con paredes de cristal, y que Dios es un diamante brillante, situado en el corazón de ese palacio. Imagina que tu alma es un paraíso, un cielo donde serás inundado de delicias. Imagina que eres una esponja totalmente empapada, no de agua, sino de la presencia de Dios. Ve a Dios como una fuente en el centro de tu ser. O como sol radiante que ilumina cada parte de tu ser, enviando sus rayos desde el centro de tu corazón.

Cada una de estas imágenes serviría en sí como contemplación imaginativa. Juntamente con el uso de la imaginación, Teresa recomienda el empleo del corazón en la oración. De esta forma de oración vamos a tratar precisamente en los capítulos siguientes.

Devoción

Ejercicio 33:
El método «benedictino»

Se trata de una forma de oración ampliamente extendida en la Iglesia durante siglos y que se ha atribuido a san Benito que fue quien la popularizó y refinó su empleo. Tradicionalmente se la ha dividido en tres partes: *lectio* o lectura espiritual, *meditatio* (meditación) y *oratio* (oración).

He aquí una manera de practicar esta forma de oración:

Comienza por pacificarte en la presencia de Dios...

A continuación, toma un libro para hacer la lectura espiritual, *lectio*, y empiézala hasta que topes con una frase o con una palabra que te llame la atención, que te atraiga...

Cuando te encuentres con una sentencia que reúna estas condiciones, pon fin a la *lectio*. Ha terminado la primera parte del ejercicio; ahora comienza la segunda parte, la meditación.

Digamos al menos una palabra sobre el libro a escoger para la lectura. Podemos decir que cualquier libro es útil a condición de que estimule y fomente la devoción y la oración y no la especulación. El libro ideal es la Biblia. La Imitación de Cristo de A. Kempis es otro libro que se presta de modo especial para esta forma de oración. Tam-

bién son adecuados los libros escritos por los Santos Padres
o cualquier otro libro de devoción.

Es importante que no comiences leyendo un pasaje que
no te sea familiar; correrías el peligro de dejarte llevar de
la curiosidad y no cesar en la lectura. La lectura busca
despertar tu corazón a la oración; no trata de estimular tu
curiosidad. La curiosidad puede ser un incentivo valiosí-
simo de la creatividad o una forma sutil de pereza. Se
convierte en forma de pereza cuando nos aparta de la tarea,
aparentemente tediosa, que estamos haciendo.

Supongamos que has tomado para la *lectio* un pasaje
del Nuevo Testamento o de los Salmos, dos libros de la
Biblia que se prestan de maravilla para este género de
oración. Cogeré como muestra uno de mis pasajes favo-
ritos, Jn. 7, 37. Comienza a leer:

> «El último día de la fiesta, el más solemne, pues-
> to en pie, Jesús gritó:
> 'Si alguien tiene sed, venga a mí
> y beba el que cree en mí,
> como dice la Escritura:
> de su seno correrán ríos de agua viva'»...

Supongamos que te sientes impresionado, como suele
ocurrirme a mí, por las palabras: *«Si alguien tiene sed,
venga a mí y beba»*. Entonces pones punto final a la *lectio*
y comienzas con la *meditatio*.

La *meditatio* se hace no con la mente, sino con la
boca. *«La boca del justo meditará la sabiduría»*, nos dice
la Escritura. Cuando el salmista nos dice cuánto ama me-
ditar en la ley de Dios, que la encuentra más dulce que
la miel, que medita en esta ley incesantemente —día y
noche— ¿nos habla de la meditación como actividad puramente mental, como reflexión sobre el contenido de la
ley de Dios? Pienso que habla también de la recitación
constante de la ley de Dios; así pues, medita tanto con su
boca como con el corazón. Esto es lo que debes hacer tú
ahora con esta frase:

Repítela incansablemente. Puedes hacerlo mentalmente, no es preciso pronunciar las palabras con la boca o decirlas en voz alta. Sí es importante, sin embargo, repetir muchas veces esas palabras (aunque sea mentalmente) y reducir la reflexión sobre su significado al mínimo posible. De hecho, sería mejor suprimir por completo la reflexión. Ya sabes lo que significa. Ahora, por medio de la repetición, permite que esas palabras caigan dentro de tu corazón y de tu mente, que se conviertan en parte tuya...

«Si alguien tiene sed, venga a mí y beba... Si alguien tiene sed, venga a mí y beba... Si alguien tiene sed, venga a mí y beba... Si alguien tiene sed...»

Al hacer esto, saborea y gusta las palabras que repites... Es probable que tiendas a acortar la frase, a detenerte en un grupo de palabras y no en otras. *«Si alguien tiene sed... alguien... alguien...*

Cuando lo hayas hecho durante un rato, habrás saboreado suficientemente su contenido. Te sentirás saturado de ellas, alcanzado por la unción que traspiran. Ahora es el momento de terminar con la *meditatio* y de comenzar la oración, *oratio*.

¿Cómo se hace la oración? O bien hablando espontáneamente al Señor, en cuya presencia te encuentras, o manteniéndote delante de él en un silencio amoroso, lleno de gracia, de unción, de la actitud que esas palabras han inducido en ti. Puedes entonces proceder más o menos de la siguiente manera:

«Alguien... alguien... alguien...» ¿Piensas de verdad esto, Señor? ¿Estás dispuesto a dar de beber a cualquiera? ¿Es cierto que la única calificación que necesitamos es la de ser personas? ¿Que no importa que yo sea pecador o santo, si te amo o no, si te he sido fiel en el pasado o no? ¿Que es suficiente con que tenga sed y me acerque a ti?...»

O puedes decir algo parecido a... *Sediento, sed... sediento... ven a mí... ven a mí... ven a mí...* ¡Señor, tengo sed, por eso vengo a ti!... Pero vengo cargado de desconfianza... He venido a ti con mucha frecuencia y no me quitaste la sed... ¿Qué es esa agua misteriosa de la que hablas?... ¿Es que existe dentro de mí algún obstáculo que me impida verla... gustarla...?

Ora espontáneamente de esta manera o limítate a estar delante del Señor en silencio amoroso, tal como te he sugerido anteriormente, todo el tiempo que puedas permanecer sin distracciones. Cuando comiences a advertir que te resulta difícil mantenerte en la *oratio* sin caer en ellas, abre de nuevo el libro y comienza de nuevo la *lectio*... continúa leyendo el pasaje que has escogido hasta que tropieces con otra frase que te llame la atención...

San Benito dice: «*Oratio sit brevis et pura*», que la oración sea breve y pura. No habla aquí del tiempo que damos a la meditación y a la oración en general. Habla de la tercera parte de este método de oración, la *oratio*, en la que deberíamos permanecer mientras sea pura, es decir, sin distracciones. Cuando comienzan a venir distracciones es el momento de pasar a la *lectio*. Con frecuencia, esta *oratio* tendrá que ser breve para el principiante que no está acostumbrado a permanecer largo tiempo sin distracciones.

Es ésta una excelente forma de oración para recomendar a los que quieran iniciarse en el arte de orar con el corazón más que con la cabeza. Ofrece a la cabeza alguna participación durante la oración y de esta forma la mantiene alejada de las distracciones. Al mismo tiempo, aparta la oración suavemente del discurso y de la reflexión y la traslada a la simplicidad y a la afectividad.

En los salmos encontrarás una mina de oro para practicar esta forma de oración. ¿Quién puede resistirse a la fuerza de frases como las que se hallan diseminadas por todo el libro de los salmos?

«Dios, tú mi Dios, yo te busco
sed de ti tiene mi alma,
en pos de ti languidece mi carne,
cual tierra seca, agotada, sin agua» (Sal 62)

¡Solamente deseo una cosa, habitar en la casa del
Señor!
¡Busco tu rostro, Señor! (Sal 26)

Mi alma suspira por el Señor
más que el centinela por la aurora (Sal 120)

Sólo en Dios está mi reposo
Mi ayuda viene del Señor (Sal 61)

Uno los carros, otros los caballos,
Nosotros invocamos el nombre de Yahvé nuestro
Dios (Sal 19)

Clamé al Señor en mi angustia
Dios es la roca en la que me refugio...
Tú eres, Yahvé, mi lámpara... mi Dios que alumbras
mis tinieblas
Contigo puedo romper todas las barreras
Dios es un escudo
para todos los que se refugian en él (Sal 17)

¡Quién me diera alas como la paloma
para volar y reposar!
Descarga en Dios tu peso
y él te sustentará (Sal 54)

No retires de mí tu santo espíritu
Devuélveme la alegría de tu salvación (Sal 50).

Existe una manera de practicar este método de oración
en grupo: el que lo dirige hace pasar al grupo por unos
ejercicios de conscienciación, como ayuda para que cada
uno profundice el silencio detro de sí... O invita al grupo
a que lo logre por medio de aquel recurso que a cada uno
le resulte más útil... Pasados unos minutos de silencio, el
director del grupo recita una frase de las Escrituras con

voz clara y potente; después se hace el silencio, dando tiempo a que las palabras se deslicen hasta el corazón de los participantes... Cuanto más profundo sea el silencio en tu corazón, más fuerte será el impacto que produzcan las palabras. Si adviertes que las palabras te distraen, no les prestes atención; limítate a incorporar el sonido de las palabras al mundo de tu consciencia.

Otra variante es hacer que el grupo recite las palabras después de haberlo hecho el direcror y que recite cada frase dos o tres veces. Cuidado con que haya tiempo abundante de silencio; es absolutamente necesario para que las palabras entren en el corazón y para crear una atmósfera receptiva de las palabras que se recitarán después.

Ejercicio 34:
Oración vocal

La mayoría de las personas conocen la distinción entre oración vocal y mental. A nivel popular se considera oración vocal la que se recita. Oración mental es aquella que se hace con la mente y con el corazón. Frecuentemente se piensa también que la oración vocal es adecuada para los que comienzan a recorrer la vida espiritual, para quienes no tienen una mente lo suficientemente desarrollada como para meterse en las profundidades de una reflexión seria. Por todos estos conductos se llega a considerar la oración vocal como inferior a la mental.

La opinión popular en este punto es totalmente errónea. Hasta mediados de la Edad Media no se llegó a distinguir claramente entre oración vocal y mental dentro de la Iglesia. Antes de esas fechas difícilmente podría concebirse que una persona orara sin emplear palabras. Decir a personas como San Agustín, san Ambrosio o san Juan Crisóstomo, lo que recomendamos en nuestros días a los aspirantes: «No digas oraciones; ora», habría sido decirles algo imposible de entender. Se habrían admirado y preguntarían cómo puede una persona orar sin decir oraciones.

Eran perfectamente conscientes de las fases que sobrevienen al contemplativo cuando, en palabras de Teresa de Avila, Dios retira las palabras de tus labios de manera que, aunque lo desearas, no serías capaz de hablar y cuando invade a la persona un silencio total que hace superfluos todos los pensamientos y palabras. Pero ellos, y la mayoría de los maestros en el arte de la oración, opinaban que orar con palabras es más eficaz para colocarte en ese estadio de orar sin *pensamientos*.

Uno de esos maestros fue san Juan Clímaco. Este santo iniciaba a las personas en el arte de la oración empleando un método tan obvio que, a causa de su sencillez, ha sido ignorado casi por completo.

He aquí los elementos esenciales de este método:

> Ponte delante de Dios en cuya presencia te encuentras cuando haces oración... Después escoge una plegaria y recítala con perfecta atención a las palabras que dices y a la persona a la que se las dices.
>
> Supongamos que eliges el Padrenuestro. Comienza a recitarlo del comienzo al final con total atención: «Padre Nuestro, que estás en los cielos, santificado sea tu nombre, venga a nosotros tu reino, hágase tu voluntad así en la tierra como en el cielo...», pensando en la significación de cada una de las palabras que recitas.
>
> Si te distraes en un momento cualquiera, vuelve a la palabra o a la frase en la que te distrajiste y repítela cuantas veces sea necesario hata que puedas pronunciarla con plena atención.
>
> Cuando hayas logrado recitar la plegaria completa con plena atención, repítela una y otra vez. O pasa a otra distinta.

Este fue el único *método* que emplearon muchos santos en su oración. Sirviéndose únicamente de él consiguieron

hacer notables progresos en el arte de orar y en la contemplación. Santa Teresa de Avila habla de una hermana
sencilla que le suplicaba le enseñase a *contemplar*. Teresa
le preguntó cómo hacía oración y averiguó que se limitaba
a recitar con mucha devoción el Padre Nuestro y el Ave
María cinco veces, en honor de las cinco llagas del Salvador. Teresa descubrió que la buena hermana había alcanzado, sirviéndose únicamente de esta oración vocal,
las cimas de la contemplación y que no necesitaba lección
alguna para ser un alma contemplativa.

He aquí otra manera de practicar la oración vocal.
Escoge una plegaria o un salmo. Recítalo entero y observa
las palabras que puedes decir con mayor facilidad y aquellas otras cuya pronunciación te resulta más difícil.

Te presento un ejemplo:

> *«Yahvé es mi pastor*
> *nada me falta.*
> *Por prados de fresca hierba me apacienta,*
> *hacia las aguas de reposo me conduce,*
> *y conforta mi alma.*
> *Me guía por senderos de justicia,*
> *por amor de su nombre.*
> *Aunque pase por valle tenebroso*
> *ningún mal temeré;*
> *pues junto a mí tu vara y tu cayado,*
> *ellos me consuelan.*
> *Tú preparas ante mí una mesa*
> *frente a mis adversarios;*
> *unges con óleo mi cabeza,*
> *rebosante está mi copa.*
> *Sí, dicha y gracia me acompañarán*
> *todos los días de mi vida;*
> *mi morada será la casa de ahvé*
> *a lo largo de los días».*

Elige la línea de este salmo que más te llame la
atención. La que te viene con mayor facilidad. Tu

línea favorita dentro del salmo. Recítala una y otra vez... Alimenta con ella tu espíritu hambriento. Puedes hacer lo mismo con las otras dos líneas que te atraigan particularmente.

Ahora escoge la línea que te produzca mayor dificultad... Recítala una y otra vez y advierte lo que sientes... qué te dice acerca de ti o de tu trato con el Señor... Luego ora espontáneamente a Dios sobre esto.

Al ir avanzando por las sendas de la oración te cuidarás, si eres sabio, de llevar provisiones contigo: un puñado de tus plegarias favoritas, himnos y salmos en los que apoyarte en tiempos de necesidad.

A veces, algunas personas se quejan de que estas oraciones son *impersonales* ya que se trata de fórmulas hechas. No hay dos personas que reciten de igual manera la Oración Dominical. Cuando dices las palabras del Padre Nuestro, éstas calan en tu corazón y en tu mente. Te configuran, toman la coloración que tú les das y ascienden a Dios con el distintivo, con el sello personal que tú les imprimes. Por consiguiente, no hay razón alguna para que estas fórmulas sean algo impersonal.

Ejercicio 35:
La oración de Jesús

La repetición incesante del nombre de Jesús es una forma de oración muy apreciada por los griegos y por los ortodoxos rusos. Encuentran en ella el fundamento de su vida de oración y en general de su vida espiritual. Te recomiendo que leas el libro «The way of a pilgrim» para que te hagas una idea del valor de esta oración y de la manera de practicarla.

Se trata de una forma de oración que ha alcanzado un alto desarrollo entre los hindúes, en la India, durante miles de años. Se la conoce por «recordatorio del nombre». Mahatma Gandhi, defensor entusiasta de esta forma de oración, decía que aporta los beneficios más extraordinarios al espíritu, a la mente y al cuerpo. Afirmaba haber superado todos los miedos, incluso de niño, con el solo repetir incesantemente el nombre de Dios... Decía que su recitación encierra más poder que una bomba atómica. Llegó, incluso, a afirmar que él no moriría de enfermedad; que si moría de enfermedad le considerasen como un hipócrita. Según él, la recitación del nombre de Dios con fe puede curar a una persona de cualquier enfermedad que padezca. Es suficiente que recite el Nombre con todo su corazón, con toda su alma y con toda su mente durante el tiempo de la oración.

Incluso una repetición mecánica del Nombre fuera del tiempo de oración, ayuda también. Por medio de la recitación, aparentemente mecánica, el Nombre penetra en la corriente sanguínea, por expresarlo de alguna manera; entra en lo más profundo de nuestro subconsciente y de nuestro ser y transforma, de manera sutil pero cierta, nuestro corazón y nuestra vida.

En éste y en algunos de los ejercicios que presento a continuación propongo algunas maneras de recitar el Nombre en tiempo de oración. En la mayoría de los casos me limito al nombre de Jesús. Todos los maestros aseguran que cualquiera de los nombres de Dios hace que se alcancen los beneficios que esta oración trae consigo. Quizá alguno de vosotros desee tomar como *mantra* personal el nombre de Dios que el Espíritu grita dentro de vuestro corazón, «*Abba, Padre*».

Comienza tu oración implorando la ayuda del Espíritu Santo. Unicamente en el poder del Espíritu podemos pronunciar convenientemente el nombre de Jesús...

A continuación imagina a Jesús delante de ti. ¿Bajo qué forma prefieres imaginarlo? ¿Como niño, como el Cristo crucificado, como Señor Resucitado...?

¿Dónde imaginas que está? ¿De pie ante ti? A algunas personas les sirve de gran ayuda imaginarlo dentro de su corazón... o dentro de su cabeza. Algunos maestros hindúes han recomendado el centro de la parte frontal de la cabeza, aproximadamente entre los ojos... Elige el lugar que te inspire mayor devoción para imaginar que le ves allí...

Ahora pronuncia el nombre de Jesús cada vez que aspiras o espiras... Puedes también pronunciar la primera sílaba del nombre cuando aspiras y la segunda cuando espiras. Si te parece que es una frecuencia excesiva, pronuncia el nombre una vez después de cada tres o cuatro respiraciones. Es importante que lo hagas muy despacio, de manera relajada, con paz...

Si te encuentras en presencia de otras personas, te verás obligado a repetir el nombre mentalmente... Si estás solo, puedes pronunciarlo vocalmente, en voz baja...

Si, pasado un rato, te cansas de pronunciar el Nombre, descansa unos momentos; después comienza otra vez a recitarlo, imitando de alguna manera el vuelo del pájaro que agita las alas durante unos momentos y descansa después para volver en seguida a agitarlas de nuevo...

Nota lo que sientes cuando pronuncias este Nombre... Después de un rato, pronuncia su Nombre con diferentes sentimientos y actitudes. Primero pronúncialo con deseo. Sin decir la frase: «¡Señor, te deseo!»; dale a entender ese sentimiento en la forma de recitar su Nombre...

Haz esto durante algún tiempo; después toma otra actitud. De confianza, por ejemplo. Por medio de la recitación de su nombre exprésale tu confianza: «¡Señor, confío en ti!». Pasado algún tiempo, expresa otros sentimientos, de adoración, de arrepentimiento, de amor, de alabanza, de entrega, de gratitud... Ahora imagina que le oyes pronunciar tu nombre... como pronunció el de María Magdalena en la mañana del Domingo de Resurrección... Nadie sería capaz de pronunciar tu nombre como lo hace Jesús... ¿Con qué sentimientos pronuncia él tu nombre?

Entre los ortodoxos es costumbre recitar el nombre de Jesús dentro de la plegaria: «Señor Jesucristo, ten compasión de mí». He aquí un método para emplear esta fórmula:

Después de dedicar un tiempo a sosegarte, ponte en la presencia del Señor Resucitado... Imagina que se encuentra de pie junto a ti...

Ahora concéntrate en la respiración; percibe el aire que entra y sale por tus fosas nasales...

Cuando aspiras, di la primera parte de la fórmula, *Señor Jesucristo;* al hacerlo, imagina que aspiras dentro de ti el amor, la gracia y la presencia del Señor Jesús... Imagina que aspiras toda la hermosura de su ser...

Retén tu respiración durante unos momentos dentro de los pulmones, y, al hacerlo, imagina que retienes dentro de ti lo que has aspirado, que todo tu ser se baña en su presencia y en su gracia...

Cuando espiras, di la segunda parte de la fórmula, *«¡Ten compasión de mí!»*... Al hacerlo, imagina que espiras fuera de ti todas tus impurezas, todos los obstáculos que has puesto a su gracia...

La expresión, «Ten compasión de mí» no significa «perdona mis pecados». «Compasión» significa para los ortodoxos mucho más: gracia y bondad amorosa. Así pues, cuando pides compasión, imploras la bondad amorosa y gratuita de Cristo y la unción del Espíritu.

Ejercicio 36:
Los mil nombres de Dios

Este ejercicio es una adaptación de la práctica hindú de recitar los mil nombres de Dios. Un hindú devoto puede tomarse la molestia de memorizar los mil nombres de Dios en sánscrito, cada uno de los cuales está cargado de sentido y revela algún aspecto de la divinidad, y de recitarlos amorosamente en tiempo de oración.

Te propongo que inventes ahora mil nombres para Jesús. Imita al salmista, insatisfecho con los nombres usuales de Dios, tales como Señor, Salvador, Rey; con la creatividad propia de un corazón lleno de amor, inventa nuevos nombres para Dios. «Tú eres mi roca», dice «mi escudo, mi fortaleza, mi placer, mi canto».

De igual manera, tú, en este ejercicio, pon alas a tu creatividad e inventa nombres para Jesús: «*Jesús, mi gozo... Jesús, mi fuerza... Jesús, mi amor... Jesús, mi deleite... Jesús, mi paz...*»

Cada vez que espires, recita uno de esos nombres de Jesús... Si un nombre te llama particularmente la atención, recítalo una y otra vez... O recítalo una vez y párate amorosamente en él durante un rato, sin decir nada... toma después otro nombre y haz lo mismo... párate en él... luego pasa a otro... Llega ahora una parte del ejercicio que puede resultarte conmovedora:

Imagina que escuchas a Jesús inventar nombres para ti. ¿Qué nombres inventa para ti?... ¿Qué sientes cuando oyes que te llama por esos nombres?...

Con frecuencia, la gente no presta atención a las palabras amorosas que Dios les dirige. Es algo que supera su capacidad, demasiado bueno para ser veraz. En consecuencia, o escuchan que Jesús les dice cosas negativas, como *pecador...*, etc., o se sienten en un vacío total y no oyen absolutamente nada. Tienen que descubrir todavía al Dios del Nuevo Testamento y su amor incondicional e infinito hacia ellos. Tienen que permitir aún que su amor les invada. Este ejercicio se presta para esa finalidad.

Avanza un paso más e imagina que oyes a Jesús inventar para ti exactamente los mismos nombres que tú has inventado para él; todos los nombres excepto los que significan divinidad... ¡No te asustes!... ¡abre tu corazón a la intensidad de su amor!

Quizás temas —les ocurre a muchas personas— imaginar que escuchas a Jesús decirte cosas. En algunos ejercicios de la fantasía te recomendé que hablaras con Cristo e imaginaras que él hablaba contigo. Quizás preguntes: ¿cómo puedo saber si realmente es Cristo quien me dice esas palabras o si las invento yo? ¿Me habla Cristo o hablo yo conmigo mismo por medio de la imagen de Cristo que invento en mi imaginación?

La respuesta a esta pregunta es que, con toda probabilidad, estás hablando contigo mismo a través de esa imagen de Cristo que ha producido tu fantasía. Sin embargo, bajo la superficie de ese diálogo que mantienes con ese Cristo imaginario, el Señor comenzará a actuar en tu corazón. Antes de que transcurra mucho tiempo experimentarás que ese Cristo imaginario te dice algo y sus palabras obrarán en ti tales efectos (de consuelo, de luz e inspiración, de gozo y de fortaleza), que conocerás en tu corazón que esas palabras o vienen directamente del Señor o fueron inventadas por ti y empleadas por el Señor para comunicarte sus deseos.

Por lo que atañe a este ejercicio, sin embargo, no tienes que preocuparte de si las palabras que escuchas de los labios de Cristo son, o no, invención tuya. El amor que Jesús te tiene es tan grande que cualquier palabra que inventes y coloques en sus labios para expresarlo le parecerá adecuada.

Ejercicio 37:
Contempla a Jesús
que te está mirando

Este ejercicio pretende que experimentes por ti mismo el amor que Cristo te tiene, ejercicio favorito de Teresa de Avila. Es uno de los ejercicios fundamentales que recomendaba a toda la gente.

Imagina que ves a Jesús situado delante de ti... Está mirándote... Observa cómo te mira...

¡Eso es todo! Teresa lo expresa con una breve fórmula: *«Mira que te mira».*

Sin embargo, añade dos adverbios muy importantes: *«Mira que te mira amorosa y humildemente»*. Pon cuidado especial en sentir ambas actitudes cuando Cristo te mira; mira que te mira con amor; mira que te mira con humildad.

Ambas actitudes suelen provocar dificultades. A muchas personas les resulta duro imaginar que Jesús les mira amorosamente. Imaginan a Jesús adusto y exigente, piensan que les ama si son buenos. La segunda actitud les resulta aún más difícil de aceptar. ¿Que Jesús les mire humildemente...? ¡Imposible! No han entendido al Jesús del Nuevo Testamento. Nunca tomaron en serio el hecho de que Jesús se convirtió en su servidor y esclavo; que es el único que lava los pies de los discípulos, el único que, voluntariamente, se entregó a la muerte de esclavo por amor a ellos.

Así, pues, mira que te está mirando. Observa el amor en su mirada. Observa su humildad. Una de las hermanas de santa Teresa que practicó con fidelidad este método de oración, durante horas sin fin, confesaba que nunca sentía aridez en la oración. Cuando le preguntaron qué hacía en la oración respondió: *«Me limito a ser amada»*.

Ejercicio 38:
El Corazón de Cristo

Un ejercicio más para que te abras al amor que Cristo te tiene. Lo aprendí de un pastor protestante que parecía tener el don de comunicar la experiencia de Jesucristo, el Señor Resucitado, a las personas que le pedían les pusiese en contacto con Cristo. Por lo que recuerdo, el método del pastor era más o menos el siguiente:

Supongamos que alguien se acercaba a él y le decía: «Quiero entrar en contacto con el Señor Resucitado». El pastor lo conducía a un rincón tranquilo. Ambos cerraban los ojos e inclinaban sus cabezas en señal de oración.

Entonces el pastor decía a la otra persona algo como esto: «Escucha con atención lo que tengo que decirte ahora: Jesucristo, el Señor Resucitado está presente aquí y ahora con nosotros. ¿Lo crees?». Después de una pausa el hombre decía: «Sí, lo creo».

«Voy a hacer ahora que consideres algo más difícil de creer, Jesucristo, el Señor Resucitado, que está aquí, te ama y acepta tal cual eres. No tienes necesidad de cambiar para conseguir que él te ame. No es preciso que seas mejor... que abandones la vida de pecado... Naturalmente, él desea que seas mejor. Obviamente, desea que abandones tu vida de pecado. Pero no tienes que hacer esto para conseguir su amor y aceptación. Los tienes ya, justamente en este momento, tal como eres, incluso antes de decidirte a cambiar, te decidas o no... ¿Crees esto?... Toma el tiempo que necesites antes de responder... Después decide si lo crees o no... ¿Crees esto?... Toma el tiempo que necesites antes de responder... Después decide si lo crees o no».

Tras alguna reflexión el hombre dice: «Sí, lo creo».

«Bien», añade el pastor, «entonces dile algo a Jesús. Díselo en voz alta».

El hombre comienza a orar en voz alta al Señor... al poco rato coge la mano del pastor y dice: «Ahora sé exac-

tamente lo que significa cuando usted habla de experi-
mentarlo. El está aquí. Puedo sentir su presencia».

¿Pura imaginación? ¿Carisma especial de nuestro pastor? Quizá. En cualquier caso, dejando a un lado la cuestión de si este método es adecuado o no para poner a una
persona en contacto con el Señor Resucitado, la doctrina
en la que se fundamenta es sana y el método es capaz de
hacer que una persona sienta los tesoros infinitos del amor
de Cristo. Haz la prueba por ti mismo.

Recuerda que el Señor Resucitado está presente
junto a ti... Dile que crees que está presente aquí,
junto a ti...

Reflexiona en que te ama y acepta tal como eres
en este momento... Dedica un tiempo a sentir el
amor incondicional que te tiene cuando te mira *amorosa y humildemente.*

Habla a Cristo o limítate a permanecer en silencio
y comunicarte con él sin mediación de palabras.

La devoción al Corazón de Cristo, tan floreciente hace
pocos años y tan olvidada en nuestros días, florecería de
nuevo si la gente entendiese que esencialmente consiste
en aceptar a Jesucristo como amor encarnado, como la
manifestación del amor incondicional que Dios nos tiene.
Toda persona que acepte esto, experimentará frutos *in-
sospechables* tanto en su vida personal de oración como
en su apostolado. La divisoria de tu vida se produce no
cuando comprendes que amas a Dios, sino cuando en-
tiendes que Dios te ama a ti incondicionalmente.

En los retiros, es norma que los ejercitantes se hagan
las tres famosas preguntas de los Ejercicios Espirituales
de san Ignacio: *¿Qué he hecho por Cristo? ¿Qué hago
por Cristo? ¿Qué voy a hacer por Cristo?* Por regla general
a la tercera pregunta se responde con toda clase de acciones
generosas y de sacrificios que el ejercitante desea realizar
como expresión de su amor a él. Sugiero a los ejercitantes
lo siguiente: de todo lo que puedas hacer por Cristo nada

le producirá mayor alegría que creer en su amor, en su amor incondicional a ti. Probablemente, te darás cuenta de que hacer esto es más difícil que algunos de los sacrificios generosos que prometiste realizar y que produce mayor alegría espiritual y progreso que todo lo que pudieras *hacer* tú por Cristo. Después de todo, lo que más puedes desear de una persona a la que amas profundamente, ¿no es que crea en tu amor y que lo acepte plenamente?

Ejercicio 39:
El Nombre como presencia

La práctica de la oración de Jesús ha hecho que, a veces, algunas personas atribuyan al nombre de Jesús un valor rayano en la superstición, llegando en ocasiones a adorar el nombre. El nombre de Jesús no pasa de ser un medio para llevarnos a la persona de Jesús y, si la recitación amorosa de su nombre no nos lleva a esto, no vale para nada.

Después de pacificarte, pronuncia el nombre de Jesús despacio… Siente crecer en ti la presencia de Jesús…

¿En qué forma experimentas esta presencia? ¿Como luz?… ¿Como devoción y unción?… ¿Como oscuridad y aridez?… Cuando la Presencia se haga viva, permanece en ella… cuando tienda a decrecer, vuelve a recitar de nuevo su nombre…

Ejercicio 40:
La oración de intercesión

Sabemos muy poco sobre las formas de oración empleadas por Jesús. Formará parte para siempre del secreto guardado celosamente por las cumbres de las montañas y por los lugares desiertos a los que se retiraba cuando deseaba orar.

Sabemos de su familiaridad con los salmos que, sin duda, recitó siguiendo el proceder de todos los judíos piadosos. Conocemos también su costumbre de interceder por las personas a las que amaba. *«¡Simón, Simón! Mira que Satanás ha solicitado el poder cribaros como trigo; pero yo he rogado por ti, para que tu fe no desfallezca».* Aquí tenemos una indicación breve, en Lc. 22, 31-32, de lo que Jesús hizo en su tiempo de oración. Practicó la oración de intercesión.

Encontramos otra indicación en el evangelio de Juan (Jn. 17, 9ss): *«Por ellos ruego yo; no ruego por el mundo, sino por los que tú me has dado... Padre Santo, cuida en tu nombre a los que me has dado, para que sean uno como nosotros... No ruego sólo por éstos, sino también por aquellos que, por medio de su palabra, creerán en mí. Que todos sean uno... ¡Oh, Padre! Que ellos también sean uno en nosotros, para que el mundo crea que tú me has enviado».* De nuevo intercesión.

La Escritura nos dice que Jesucristo realiza actualmente esta misma función. Su oficio de redentor está cumplido. Ahora realiza su función de intercesor: *«Pero éste posee un sacerdocio perpetuo porque permanece para siempre. De ahí que pueda también salvar perfectamente a los que por él se llegan a Dios, ya que está siempre vivo para interceder en su favor»* (Hb. 7, 24-25). *«¿Quién acusará a los elegidos de Dios? Dios es quien justifica. ¿Quién condenará? ¿Acaso Cristo Jesús, el que murió; más aún, el que resucitó, el que está a la diestra de Dios y que intercede por nosotros?»* (Rm. 8, 33-34).

De esta forma de oración —que incluye una petición— recomendada por Jesús a sus discípulos, voy a hablar ahora. *«La mies es mucha y los operarios son pocos. Rogad, pues, al Señor de la mies que envíe trabajadores a ella».* (Mt. 9, 37-38). Vienen a la mente toda clase de objeciones: ¿Por qué deberíamos pedir a Dios algo que sabe necesitamos? Para colmo se trata de su cosecha. ¿Acaso no sabe que necesita más operarios?

Jesús parece dar de lado a todas estas objeciones y anunciar una ley misteriosa del mundo de la oración: que Dios, por propia voluntad, ha colocado su poder, en cierto sentido, en manos de la persona que intercede, de manera que, mientras la persona no interceda, su poder queda maniatado.

Este es el gran atractivo de la oración de intercesión: que cuando la practicas adquieres un tremendo sentido del poder enorme que encierra. Y, una vez que hayas sentido ese poder, no cesarás de orar. Al final del mundo comprenderemos en qué medida han sido configurados los destinos de las personas y de la naciones no tanto en virtud de los acontecimientos externos provocados por personas con poder y por acontecimientos que parecían inevitables, sino por el silencioso, callado, irresistible poder de la oración de personas a las que el mundo jamás conocerá.

Teilhard de Chardin habla en *El medio divino* de una religiosa que ora en la capilla perdida en un lugar desierto; cuando lo hace, todas las fuerzas del universo parecen organizarse en consonancia con los deseos de aquella figurilla que ora y el eje del mundo parece atravesar aquella capilla desierta. Y Santiago dice: *«La oración ferviente del justo tiene mucho poder. Elías era un hombre de igual condición que nosotros; oró insistentemente para que no lloviese y no llovió en la tierra durante tres años y seis meses. Después oró de nuevo y el cielo dio lluvia y la tierra produjo su fruto»* (Sant. 5, 16-18).

Basta echar una mirada a las cartas de san Pablo para darse cuenta de lo mucho que empleó la oración de intercesión en su vida apostólica. No poseía grandes cualidades de orador, como él mismo confesaba a los corintios, pero obró milagros prodigiosos. Llevó, sobe todo, una vida de oración profunda. He aquí una muestra de cómo intercedía por su pueblo: *«Por eso doblo mis rodillas ante el Padre, de quien toma nombre toda familia en el cielo y en la tierra, para que os conceda, según la riqueza*

*de su gloria, que seáis vigorosamente fortalecidos por la
acción de su Espíritu en el hombre interior, que Cristo
habite por la fe en vuestros corazones, para que, cimen-
tados y arraigados en el amor, podáis comprender con
todos los santos cuál es la anchura y la longitud, la altura
y la profundidad, y conocer el amor de Cristo, que excede
a todo conocimiento, para que os vayáis llenando hasta
la total Plenitud de Dios. A aquel que tiene poder para
realizar todas las cosas incomparablemente mejor de lo
que podemos pedir o pensar, conforme al poder que actúa
en nosotros, a él la gloria en la Iglesia y en Cristo Jesús
por todas las generaciones y todos los tiempos. Amén».*
(Ef. 3, 14-21).

*«Doy gracias a mi Dios cada vez que me acuerdo de
vosotros, rogando siempre y en todas mis oraciones con
alegría por todos vosotros... Y lo que pido en mi oración
es que vuestro amor siga creciendo cada vez más en conocimiento perfecto y todo discernimiento, con que podáis
aquilatar lo mejor para ser puros y sin tacha para el día
de Cristo».* (Flp. 1, 3-4.9-10).

A duras penas podremos encontrar una carta suya en
la que no asegure a sus cristianos que ora constantemente
por ellos o les ruega que pidan por él: *«Siempre en oración
y súplica, orando en toda ocasión en el Espíritu, velando
juntos con perseverancia e intercediendo por todos los
santos, y también para mí para que me sea dada la Palabra al abrir mi boca y pueda dar a conocer con valentía
el Misterio del Evangelio, del cual soy embajador entre
cadenas, y pueda hablar de él valientemente como conviene».* (Ef. 6, 18-20).

Quizás seas una de esas persona a las que el Señor
llama, de manera especial, a ejercer el ministerio de intercesión y a transformar el mundo y los corazones de los
hombres mediante el poder de su oración. *«Nada hay tan
poderoso en la tierra como la pureza y la oración»*, decía
el Padre Teilhard. Si has recibido esta llamada de Dios,
la intercesión será tu forma más frecuente de orar. Incluso
si no has recibido la vocación a este ministerio, de una

manera especial, te sentirás impelido frecuentemente por Dios a interceder en diversas ocasiones. Existen muchas formas y maneras de practicar este tipo de oración. He aquí una:

> Dedica un tiempo a conscienciar la presencia de Jesús y a entrar en contacto con él...
> Imagina que Jesús te inunda con su vida, con su luz y con su poder... Contempla todo tu cuerpo —ayudándote de la imaginación— deslumbrado por la luz que proviene de él...
> Ahora evoca con la imaginación, una por una, las personas por las que deseas orar. Impón tus manos sobre cada una de ellas, comunicándoles toda la vida y poder que has recibido de Cristo... Dedica un tiempo a cada una... Invoca, sin palabras, el amor de Cristo para ella... Contempla cómo se siente embriagada por la vida y por el amor de Cristo... Mira cómo se ha transformado...
> Pasa después a la persona siguiente... a la siguiente...

Es absolutamente importante que te hagas presente a Jesús y que entres en contacto con él al comenzar la oración de intercesión. De otra forma, tu oración correría el peligro de no ser oración, sino un mero ejercicio de recordar personas. Existe el peligro de que tu atención se centre únicamente en las personas por las que intercedes y no en Dios.

Después que hayas orado por algunas personas, en la forma apuntada en el ejercicio, conviene que permanezcas durante algún tiempo, de nuevo, en la presencia de Cristo, bebiendo de su poder, de su Espíritu; luego continuarás tu intercesión, imponiendo las manos sobre otras.

> Después de haber intercedido de esta forma por cada una de las personas a las que amas, pide por aquellas que te han sido encomendadas: los pastores,

por su rebaño... los padres, por sus hijos... los profesores, por sus alumnos...

Luego, tras de haberte detenido otra vez en el amor de Cristo y en su poder, comienza a orar por tus «enemigos», ya que Jesús te ha impuesto la obligación de orar por ellos. Coloca tus manos en señal de bendición sobre cada una de las personas que te desagradan... o para las que tú no resultas simpático... sobre las que te han ocasionado algún daño... Siente cómo el poder de Cristo se transmite por medio de tus manos a sus corazones...

Pasa después a orar por la nación entera... por la Iglesia... Los tesoros de Cristo son infinitos; no temas agotarlos al pretender prodigarlos a todas las naciones y personas...

Mantén tu mente en el vacío durante un momento y da lugar a que el Espíritu te sugiera personas e intenciones por las que orar... Cuando venga a tu mente una persona, impón sobre ella tus manos en nombre de Cristo...

Mi experiencia como director de ejercicios me dice que algunas personas, cuando alcanzan un profundo sentido de unión con Dios, se ven empujadas por él a interceder por otros. Al principio sienten preocupación pensando que pueda tratarse de distracciones; hasta que comprenden que fueron llevados a este estado de unión profunda con Dios precisamente para interceder por sus semejantes y para que esta intercesión, lejos de distraerles, les introduzca con mayor profundidad en la unión con Dios.

Si has sido llamado al ministerio de la intercesón, descubrirás, además, a través de la práctica frecuente de la oración de intercesión, que cuanto más prodigues los tesoros de Cristo sobre otros, más inundada se sentirá tu propia vida y tu corazón con ellos. Al interceder por los otros, estás enriqueciéndote a ti mismo.

Ejercicio 41:
Petición

La de petición es casi la única forma de oración que Jesús enseñó a sus discípulos cuando éstos le pidieron que les enseñara a orar.

Difícilmente podremos decir que hemos sido adoctrinados por Cristo mismo en la práctica de la oración, si no hemos aprendido a ejercitar la oración de petición.

Se nos dice en Lucas 11: «*Estando él orando en cierto lugar, cuando terminó, le dijo uno de sus discípulos: 'Maestro, enséñanos a orar como enseñó Juan a sus discípulos'. El les dijo: 'Cuando oréis, decid: Padre, santificado sea tu Nombre, venga tu Reino, danos cada día nuestro pan cotidiano, y perdónanos nuestros pecados porque también nosotros perdonamos a todo el que nos debe, y no nos dejes caer en tentación'*».

Cada una de estas frases que componen la oración dominical es una petición. Escucha ahora el comentario que el Señor hace de esta oración. Esto formará parte del ejercicio:

Y Jesús dijo a sus discípulos: «*Si uno de vosotros tiene un amigo y, acudiendo a él a medianoche, le dice: ¡Amigo, préstame tres panes, porque ha llegado de viaje un amigo mío y no tengo qué ofrecerle!, y aquél, desde dentro, le responde: ¡No me molestes; la puerta ya está cerrada, y mis hijos y yo estamos acostados, no puedo levantarme a dártelos!, os aseguro que si no se levanta a dárselos por ser amigo suyo, al menos se levantará por su importunidad y le dará cuanto necesite*».

«*Yo os digo: Pedid y se os dará; buscad y hallaréis: llamad y se os abrirá. Porque todo el que pide recibe; y el que busca halla; y al que llama, se le abrirá. ¿Qué padre hay entre vosotros que, si*

su hijo le pide pan, le da una piedra; o, si un pes-
cado, en vez de pescado le da una culebra; o, si
pide un huevo, le da un escorpión? Si, pues, vo-
sotros, siendo malos, sabéis dar cosas buenas a
vuestros hijos, ¡cuánto más el Padre del cielo dará
el Espíritu Santo a los que se lo pidan!» (Lc. 11,
1-14).

Las palabras son sorprendentes en su simplicidad: «Pedid y recibiréis... porque *todo el que* pide recibe...»,

Imagina que escuchas a Cristo decirte esas palabras. Pregúntate a ti mismo: ¿Creo yo de verdad
esas palabras? ¿Qué significan para mí?
Después comparte con Cristo las respuestas que
das a esas preguntas.
Puedes hacer lo mismo con Lc. 18, 1-6.
O toma estos pasajes. *«Al amanecer, cuando*
volvía a la ciudad, sintió hambre; y viendo una hi-
guera junto al camino, se acercó a ella pero no
encontró en ella más que hojas. Entonces dijo a la
higuera: 'Que nunca jamás brote fruto de ti!' Y al
momento se secó la higuera. Al verlo los discípulos
se maravillaron y decían: '¿Cómo al momento quedó
seca la higuera?' Jesús les respondió: 'Yo os ase-
guro: si tenéis fe y no vaciláis, no sólo haréis lo de
la higuera, sino que si decís a este monte: Quítate
y arrójate al mar, así se hará. Y todo cuanto pidáis
con fe en la oración, lo recibiréis'». (Mt. 21, 18-
22).
«Al pasar muy de mañana vieron la higuera, que
estaba seca hasta la raíz. Pedro, recordándolo, le
dice: '¡Rabbi, mira!, la higuera que maldijiste está
seca'. Jesús les respondió: 'Tened fe en Dios. Yo
os aseguro que quien diga a este monte: ¡Quítate y
arrójate al mar! y no vacile en su corazón, sino que
crea que va a suceder lo que dice, lo obtendrá. Por
eso os digo: todo cuanto pidáis en la oración, creed

que ya lo habéis recibido y lo obtendréis. Y cuando os pongáis de pie para orar, perdonad, si tenéis algo contra alguien, para que también vuestro Padre, que está en los cielos, os perdone vuestras ofensas'» (Mc. 11, 20-26).

Después de haber parado en una u otra de estas frases o de estos pasajes y de haber hablado a Jesús sobre ellos, crea en ti la paz como preparación para la oración de petición...

Perdona a todas las personas contra las que tengas algo... Di con la imaginación a cada una de ellas: «Te perdono con todo mi corazón en el nombre de Jesucristo al igual que el Señor me ha perdonado a mí...»

Ahora pide al Señor que llene tu corazón con la fe que hace omnipotente la oración... «¡Señor, creo! ¡Ayuda mi incredulidad!...».

A continuación pide al Señor el don que deseas recibir de él: salud, éxito en alguna tarea...

Imagina al Señor dándote ese don e imagínate a ti mismo alabándole gozoso por este regalo... Imagínate al Señor que no te concede este regalo y, al mismo tiempo, que te inunda de paz mientras tú le alabas por ello.

Ejercicio 42:
Jesús, el Salvador

Esta es otra forma de practicar la oración de Jesús. La recitación del nombre de Jesús no sólo comporta su presencia, sino su salvación a la persona que ora. Jesús es esencialmente el Salvador. Esta es la significación de su nombre (Mt. 1, 21).

«Porque no hay bajo el cielo otro nombre dado a los hombres por el que nosotros debamos salvarnos» (Hch. 4, 12).

La recitación amorosa del nombre de Jesús le hace presente ante nosotros. Cuando Jesús se hace presente nos da su salvación. ¿Qué clase de salvación? La salvación que trajo a Palestina hace dos mil años: curación de toda enfermedad, física, emocional y espiritual. Y, como consecuencia, paz con nuestros semejantes, con Dios y con nosotros mismos.

Hablé en otro lugar de las propiedades curativas que encierra la recitación devota del nombre de Dios. Mahatma Gandhi definiría su forma de oración como «la medicina del hombre pobre». El nombre de Jesús nos sana de todas nuestras enfermedades si lo recitamos con fe sobre cada una de nuestras heridas y enfermedades.

La recitación del nombre de Jesús nos da también el perdón de todos nuestros pecados. Se cuenta, en la India, la historia de un rey que mató a sus hermanos y después, llevado por su arrepentimiento, se acercó a un ermitaño piadoso en busca de penitencia y de perdón. El ermitaño había marchado antes de que llegara el rey. Uno de sus discípulos lo suplantó e impuso la penitencia al rey. Le dijo: «Recita el nombre de Dios tres veces y todos tus pecados quedarán perdonados». Cuando volvió el ermitaño y se enteró de lo que había hecho su discípulo, se indignó. Dijo a su discípulo: «¿No sabes que si pronuncias con amor el nombre de Dios una sola vez es suficiente para lavar todos los pecados de un reino? ¿Cómo, pues, te atreviste a decir al rey que recitara tres veces el nombre de Dios? ¿Hasta tal punto careces de fe en el poder del nombre de Dios?».

Recita el nombre de Jesús despacio y con amor, haciendo pausas constantemente... deseando verte lleno de la presencia de Jesús...

Ahora 'unge' cada uno de tus sentidos y tus facultades con el nombre de Jesús. Dice la Escritura: *«Tu nombre, un ungüento que se vierte»* (Ct. 1,3). Así, pues, aplica este ungüento a tus ojos, a tus pies, a tu corazón... a tu memoria... a tu entendimiento, a tu voluntad, a tu imaginación... Al hacerlo, ve cada uno de tus sentidos, cada miembro, cada facultad, embriagados de la presencia y del poder de Jesús, hasta que todo tu cuerpo y todo tu ser se encienda y sature con su presencia.

Ahora continúa ungiendo a otras personas con el nombre de Jesús... Recítalo con fe y con amor sobre cada una de ellas... sobre el enfermo y el achacoso... sobre tus amigos... sobre las personas con problemas y sobre las que tienen como profesión curar los enfermos, médicos, enfermeras, consejeros, pastores... sobre todos los que amas... Ve a cada uno de ellos robustecidos y revitalizados plenamente por medio de este Nombre poderoso...

Siempre que te sientas cansado, retorna a la presencia de Jesús y descansa en ella durante un rato...

Ejercicio 43:
Frases evangélicas

Para este ejercicio tendrás que confeccionar una lista con algunos de los mandatos y preguntas dirigidas por Jesús a otros en los evangelios. Declaraciones tales como: *«Venid, seguidme... Venid y ved... Apacienta mis corderos... Lanzad las redes... Os haré pescadores de hombres... Vigilad y orad...» «¿Quién decís que soy yo?... ¿Me amas?... ¿Crees que puedo hacerlo?... ¿Qué quieres que haga por ti?... ¿Quieres ser curado?...».*

Selecciona alguna de las preguntas o invitaciones contenidas en la lista y comienza el ejercicio:

Imagina que ves al Señor Resucitado delante de ti... Imagina después que le oyes dirigirte una de estas preguntas o invitaciones: «Ven y ve... ¿Me amas?...

No respondas inmediatamente a su llamada o a su pregunta... Imagina que te repite sus palabras una y otra vez... Deja que sus palabras resuenen en todo tu ser...

Continúa escuchando esas palabras... permite que te interpelen, que te sobresalten, que te provoquen a dar una respuesta... hasta que llegue el momento en que no puedas eludir por más tiempo la respuesta. Entonces di al Señor lo que te dicte tu corazón.

La lectura piadosa y frecuente de las Sagradas Escrituras, principalmente del Nuevo Testamento, dará gran riqueza a tu oración y a tu vida. Poco a poco descubrirás aquellos pasajes y frases a través de los cuales parece comunicarse el Señor contigo de forma especial.

En tiempo de aflicción o de necesidad, de gozo o de soledad, el Señor hará que resuenen en tu corazón, de nuevo, esas palabras y, por medio de ellas, establecerá contacto contigo. Y tu corazón arderá como el de los discípulos de Emaús cuando el Señor les explicaba las palabras de las Escrituras.

Ejercicio 44:
Santos deseos

He aquí una forma sencilla y agradable de oración. Se inspira en una frase empleada con frecuencia por Ignacio de Loyola: *«Oraciones y santos deseos»*. Ignacio recomienda a los jóvenes jesuitas que se preparan para el sacerdocio que dediquen todo su tiempo a los estudios. Se da cuenta de que no les quedará tiempo para dedicarlo a la oración. Pueden, sin embargo, recuperar el tiempo que no pueden dedicar a la oración con *santos deseos* de hacer cosas grandes por Dios y por sus semejantes. Recomienda

a los superiores de sus casas que, como primera obligación, *lleven a cuestas sus comunidades* por medio de sus
oraciones (oración de intercesión por los miembros de sus
respectivas comunidades) y de santos deseos (deseando
grandes cosas para su comunidad).

Ignacio fue una persona de grandes e intensos deseos;
por eso fue un santo extraordinario. En el tiempo de su
conversión practicó un ejercicio —al que podemos de-
nominar *«santo soñar despierto»*— con el que fomentó
sus deseos de hacer grandes cosas por Dios: se veía en su
imaginación emprendiendo grandes trabajos y empresas
difíciles por el Señor. Evocaba grandes actuaciones de los
santos y decía: «San Francisco hizo tal y tal cosa por el
Señor; yo haré más. Santo Domingo hizo aquellas grandes
acciones por el Señor; yo haré más...» Nos confiesa que
este santo ejercicio le dejaba siempre un sentimiento de
paz, de gozo, de devoción y de fuerza, al que en tiempos
posteriores llamaría consolación espiritual.

También santa Teresa insistió mucho en la convenien-
cia de estimular explícitamente los grandes deseos. Lo
recomienda, de manera especial, a los principiantes: que
comiencen con una sensación de gozo y de libertad, decía;
con gran entusiasmo, llenos de deseos por descollar en el
servicio de Dios. Porque Su Majestad ama las almas va-
lientes e intrépidas.

Esto tiene una explicación psicológica: difícilmente
puedes realizar lo que ni siquiera puedes imaginar. Deberás ser hombre de grandes deseos y de gran visión si
quieres obtener resultados brillantes.

Este ejercicio tiene dos partes. La primera se relaciona
con los buenos deseos para otras personas, la segunda con
los santos deseos para uno mismo:

> Presenta al Señor los deseos que tienes para cada
> una de las personas por las que deseas orar... Ve,
> en tu imaginación, a cada una de ellas poseyendo lo
> que deseas para ella... No es necesario que ores
> explícitamente por cada una de ellas... Basta con

que expongas al Señor tu deseo santo... y ver estos deseos cumplidos.

Lo que has hecho por los individuos hazlo ahora por las familias, grupos, comunidades... naciones, por la Iglesia... Ten el coraje de sobreponerte al derrotismo y al pesimismo y desea y espera grandes cosas... y ve estas grandes cosas como cumplidas en el momento presente...

A continuación coloca delante de Dios los deseos que tienes para ti mismo: exponle todas las grandes cosas que deseas hacer en su servicio... Que jamás llegues a realizarlas o que te sientas incapaz de hacerlas carece de importancia... Lo que realmente importa es que alegres el corazón de Dios demostrándole cuán intensos son tus deseos aun cuando tu fuerza sea escasa... esta es la manera de expresarse los amantes cuando quieren manifestar la inmensidad de sus deseos, inmensamente superiores a su capacidad limitada...

Existe otra forma de hacer esto: imagina las grandes acciones realizadas por algunos de los santos: san Pablo, san Francisco Javier... o cualquier otro santo al que admires... Aprópiate esas grandes acciones deseándolas, queriéndolas, incluso realizándolas en tu fantasía... Identifícate con los santos en su gran amor..., imagina que tú, por gracia de Dios, realizas todo lo que ellos hicieron, que sufres todo lo que ellos sufrieron por amor a él... y, en tu imaginación, pon alas a los ardientes deseos que tu debilidad no te permitirá realizar plenamente...

A continuación expresa al Señor los deseos que tienes para mañana... todo lo que deseas hacer en su servicio... Contémplate con tu imaginación siendo ya lo que deseas ser y actuando como deseas actuar...

En un mundo en el que tanta importancia concedemos a los resultados, corremos el peligro de olvidar la tremenda importancia de los deseos. Menospreciamos los deseos, sobre todo, cuando no pueden traducirse inmediatamente en realidades.

Ejercicio 45:
Teocentrismo

Cuando sus discípulos pidieron a Jesús que les enseñase a orar, éste les enseñó a decir: *«Padre, que estás en los cielos, santificado sea tu nombre, venga a nosotros tu reino, hágase tu voluntad...»*. Comienza con su Padre, con el reino de su Padre, con los intereses de su Padre. Estamos acostumbrados a concebir a Jesús como el hombre para los otros hombres y lo es verdaderamente. Pero nos sentimos inclinados a pasar por alto el hecho de que fue, en primer lugar, el hombre para su Padre. Fue esencialmente un hombre centrado en Dios.

Actualmente corremos el peligro de centrarnos excesivamente en el hombre. Estamos muy alejados de los sentimientos del salmista que mira a las montañas, de donde vendrá la salvación. Tendemos a atarnos demasiado a la tierra y a pasar por alto la transcendencia en nuestras vidas. Y sin ésta, el hombre queda privado de un elemento esencial.

El ejercicio que presento a continuación pretende ayudar a centrar más nuestra vida en Dios.

Haz una lista con el mayor número de deseos que puedas recordar... los deseos grandes, los pequeños, los «románticos», los prosaicos...

Haz otra lista con los problemas que te afectan en estos momentos... problemas familiares... problemas laborales... problemas personales...

Pregúntate: ¿Qué parte reservo a Dios en la realización de mis deseos?

¿Juega él un papel en la realización de mis deseos? ¿Qué papel? ¿Estoy satisfecho del papel que juega? ¿Lo está él?

Pregúntate a continuación: ¿Qué parte concedo a Dios en la solución de los problemas con los que me enfrento cada día?... ¿Hasta qué punto me apoyo en él para solucionarlos?... ¿En qué medida confío en él?...

Otra pregunta: ¿Dónde aparece Dios en la lista de mis deseos? ¿Constituye él uno de mis deseos? ¿En qué medida?... Dentro de ella, ¿en qué lugar aparece el deseo de buscar a Dios?...

Repasa uno por uno tus deseos y problemas. Pregúntate: ¿En qué medida me esfuerzo por realizar este deseo? ¿Qué hago de ordinario para solucionar este problema? Pon a trabajar tu fantasía... contémplate a ti mismo enfrentándote con tus deseos y resolviendo tus problemas... Ten en cuenta los medios que empleas para conseguirlo...

A continuación expón cada uno de esos *medios* a Dios y a su influencia... Aquí importa la exposición, no los resultados... Ve cada una de las acciones, pensamientos... como provenientes de Dios y tendiendo hacia él... Observa lo que sientes cuando haces esto...

Ejercicio 46:
Llama de amor viva

Me inspiró este ejercicio el admirable libro *The cloud of unknowing*, que habla tan encantadoramente de un movimiento ciego de amor que nace dentro de nuestros corazones y sale hacia Dios.

Dedica un tiempo a pacificarte por medio de alguno de los ejercicios de conscienciación...

Imagina que te sumerges en las profundidades de tu ser. Todo es oscuridad... pero encuentras allí un manantial que burbujea hacia Dios. O imagina que encuentras allí una llama viva de amor que sube hacia Dios...

Acompasa una palabra o una frase breve al ritmo de la llama o del manantial... quizá el nombre de Jesús... o Abba... o, Ven, Espíritu Santo... o, mi Dios y mi todo...

Escucha esa palabra en lo más profundo de tu ser... No la pronuncies. Oyela vagamente, como viniendo de lejos, de muy lejos... desde las profundidades de tu ser...

Imagina ahora que el sonido crece y que comienza a llenar todo su tu ser, de manera que lo oyes en tu cabeza, en tu pecho, en tu estómago... en todo tu ser...

Después de un momento, imagina que este sonido llena toda la habitación, todos los alrededores... gana en intensidad y llena toda la tierra y el cielo... de forma que todo el universo se hace eco de esa palabra que emana de las profundidades de tu corazón...

Descansa en esta palabra... y ahora, si lo deseas, pronúnciala tú mismo amorosamente...

Ejercicio 47:
La oración de alabanza

Si tuviese que señalar la forma de oración que ha hecho la presencia de Cristo más real en mi vida y me ha conferido el sentido más profundo de ser llevado y rodeado por la providencia amorosa de Dios, escogería, sin dudarlo por un momento, esta última forma de oración que propongo en el libro, la oración de alabanza. La elegiría también por la intensa paz y gozo que me ha dado en tiempos de aflicción.

La oración consiste, sencillamente, en alabar y dar gracias a Dios por todas las cosas. Se basa en la creencia de que nada sucede en nuestras vidas que no haya sido previsto y planeado por Dios; nada en absoluto, ni siquiera nuestros pecados.

Es claro que Dios no quiere el pecado y, sin duda, aborrece el mayor de todos ellos, el homicidio de su Hijo. A pesar de ello, sorprende la repetida afirmación de las Escrituras de que la pasión y muerte de Cristo *estaban escritas* y que era preciso que tuviesen lugar. San Pedro confirma esto en un discurso dirigido a los judíos: «*A éste que fue entregado según el determinado designio y previo conocimiento de Dios, vosotros le matasteis...*» (Act. 2, 23). Así pues, la muerte de Cristo había sido prevista y planeada.

Naturalmente, el pecado es algo que debemos odiar y evitar. A pesar de ello, podemos alabar a Dios incluso por nuestros propios pecados cuando nos hemos arrepentido, porque él sacará gran provecho de ellos. En esta misma línea, la Iglesia, en un éxtasis de amor, canta en la liturgia pascual: «¡Oh, feliz culpa... Oh, necesario pecado de Adán!». Y san Pablo dice expresamente a los romanos: «Donde abundó el pecado, sobreabundó la gracia de Dios... ¿Qué diremos, pues? ¿Que debemos permanecer en el pecado para que la gracia se multiplique? ¡De ningún modo!» (Rm. 5, 20; 6, 1).

Se trata de algo que difícilmente osaríamos pensar: agradecer y alabar a Dios incluso por nuestros pecados. Es necesario que nos arrepintamos de nuestros pecados. Pero, una vez arrepentidos, debemos aprender a alabar a Dios por ellos. Si Herodes y Pilato se hubiesen convertido, sin duda que se habrían arrepentido del papel que desempeñaron en la Pasión. Después podrían haber alabado a Dios por haber llevado a cabo la muerte y resurrección de Cristo por medio del papel que ellos desempeñaron en la pasión.

He conocido a muchísimas personas que caminan por la vida llevando en sus corazones el peso de una culpabilidad por los pecados que cometieron. Uno de ellos me confesaba que sentía un complejo profundo de culpabilidad no por los pecados cometidos —estaba seguro de que le habían sido perdonados—, sino por haber llegado con algunos minutos de retraso al lecho de muerte de su padre. Le resultaba totalmente imposible liberarse de este sentido de culpa. ¡Qué paz y qué alivio tan inmenso sintió cuando logré que agradeciera explícitamente a Dios y le alabara por haber llegado con unos minutos de retraso al lecho de su padre! De pronto, se sintió totalmente liberado, todo estaba en manos de Dios, Dios lo había permitido por alguna razón y sacaría partido de ello...

Intenta ahora tú mismo hacer esto:

> Agradece a Dios algo pasado o presente que te produce dolor, aflicción, sentido de culpa o de frustración...
>
> Si tienes algo de qué avergonzarte, expresa al Señor tu arrepentimiento y tu pesar...
>
> Ahora, agradece de manera explícita esto al Señor, alábale por ello... Dile que crees que incluso esto cae dentro de sus planes para contigo y que sacará de ello provecho para ti y para los demás, aunque tú no veas el bien...
>
> Deja éste y todos los demás acontecimientos de tu vida pasada, presente y futura en manos de Dios... y solázate en la paz y en el alivio que esto te reporte.

Lo que acabamos de decir está en consonancia perfecta con lo que san Pablo enseñaba a sus cristianos: *«Estad siempre alegres. Orad constantemente. En todo dad gracias, pues esto es lo que Dios, en Cristo Jesús, quiere de vosotros»* (1 Tes. 5, 16-18). *«Recitad entre vosotros salmos, himnos, cánticos inspirados; cantad y salmodiad en vuestro corazón al Señor, dando gracias continuamente y por todo a Dios Padre, en nombre de nuestro Señor*

Jesucristo» (Ef. 5, 19-20). *«Estad siempre alegres en el Señor; os lo repito, estad alegres... No os inquietéis por cosa alguna; antes bien, en toda ocasión presentad a Dios vuestras peticiones, mediante la oración y la súplica, acompañadas de la acción de gracias. Y la paz de Dios, que supera todo conocimiento, custodiará vuestros corazones y vuestros pensamientos en Cristo Jesús»* (Flp. 4, 4-7).

Algunas personas temen que alabar a Dios por todo pueda conducir a cierta indolencia o fatalismo. Esta dificultad es más teórica que real. Quien haya practicado con sinceridad esta forma de oración sabe que hacemos de nuestra parte todo lo posible para obrar el bien y evitar el mal y, sólo entonces, alabamos a Dios por el resultado, sea cual fuere.

El único peligro que puede darse en esta forma de oración es una represión de nuestras emociones desagradables. Nos es necesario lamentar con frecuencia las pérdidas que sufrimos o sentir rabia y frustración antes de alabar al Señor y de abrir nuestros corazones al gozo y a la paz que esto trae consigo.

Esta paz y ese gozo se convertirán en disposiciones habituales cuando nos habituemos a agradecer y alabar constantemente a Dios. Si en otro tiempo nos habríamos sentido tensos y tristes por los contratiempos acaecidos (un tren que llega con retraso, mal tiempo cuando pensábamos hacer una excursión, una observación desafortunada que hacemos en una conversación...), ahora procuraremos hacer lo que buenamente podemos y dejaremos en manos de Dios el resto, en la plena confianza de que todo irá bien, aun cuando en apariencia no lo parezca así.

Una historia china habla de un anciano labrador que tenía un viejo caballo para cultivar sus campos. Un día, el caballo escapó a las montañas. Cuando los vecinos del anciano labrador se acercaban para condolerse con él, y lamentar su desgracia, el labrador les replicó: «¿Mala suerte? ¿Buena suerte? ¿Quién sabe?» Una semana después, el caballo volvió de las montañas trayendo consigo una manada de caballos. Entonces los vecinos felicitaron al labrador por su buena suerte. Este les respondió: «¿Buena suerte? ¿Mala suerte? ¿Quién sabe?». Cuando el hijo del labrador intentó domar uno de aquellos caballos salvajes, cayó y se rompió una pierna. Todo el mundo consideró esto como una desgracia. No así el labrador, quien se limitó a decir: «¿Mala suerte? ¿Buena suerte? ¿Quién sabe?». Una semana más tarde, el ejército entró en el poblado y fueron reclutados todos los jóvenes que se encontraban en buenas condiciones. Cuando vieron al hijo del labrador con la pierna rota le dejaron tranquilo. ¿Había sido buena suerte? ¿Mala suerte? ¿Quién sabe?

Todo lo que a primera vista parece un contratiempo puede ser un disfraz del bien. Y lo que parece bueno a primera vista puede ser realmente dañoso. Así, pues, será postura sabia que dejemos a Dios decidir lo que es buena suerte y mala y le agradezcamos que todas las cosas se conviertan en bien para los que le aman. Entonces compartiremos en algo aquella maravillosa visión mística de Juliana de Norwich de quien es la afirmación más hermosa y consoladora que jamás leí: «Y todo estará bien; y todo estará bien; todo género de cosas estará bien».

Colección PASTORAL

L m
marzo

Editorial SAL TERRAE
Guevara, 20
39001 Santander